プリント形式のリアル過去問で本番の臨場感！

大分県

岩田中学校

2025年春受験用

解答集

本書は，実物をなるべくそのままに，プリント形式で年度ごとに収録しています。
問題用紙を教科別に分けて使うことができるので，本番さながらの演習ができます。

■ 収録内容

・解答集(この冊子です)

書籍ＩＤ番号，この問題集の使い方，最新年度実物データ，リアル過去問の活用，
解答例と解説，ご使用にあたってのお願い・ご注意，お問い合わせ

・2024(令和６)年度 ～ 2022(令和４)年度　学力検査問題

○は収録あり	年度	'24	'23	'22			
■ 問題収録		○	○	○			
■ 解答用紙		○	○	○			
■ 配点(大問ごと)		○	○	※			

算数に解説があります

※2022年度の配点は理科が非公表
注)問題文等非掲載:2024年度国語の三と社会の2，2023年度国語の一と三，2022年度国語の三

問題文などの非掲載につきまして

著作権上の都合により，本書に収録している過去入試問題の本文や図表の一部を掲載しておりません。ご不便をおかけし，誠に申し訳ございません。

本文の一部を掲載できなかったことによる国語の演習不足を補うため，論説文および小説文の演習問題のダウンロード付録があります。弊社ウェブサイトから書籍ＩＤ番号を入力してご利用ください。

なお，問題の量，形式，難易度などの傾向が，実際の入試問題と一致しない場合があります。

教英出版

■　書籍ＩＤ番号

入試に役立つダウンロード付録や学校情報などを随時更新して掲載しています。
教英出版ウェブサイトの「ご購入者様のページ」画面で，書籍ＩＤ番号を入力してご利用ください。

書籍ＩＤ番号　102443

（有効期限：2025年9月30日まで）

【入試に役立つダウンロード付録】
「要点のまとめ(国語／算数)」
「課題作文演習」ほか

■　この問題集の使い方

年度ごとにプリント形式で収録しています。針を外して教科ごとに分けて使用します。①片側，②中央のどちらかでとじてありますので，下図を参考に，問題用紙と解答用紙に分けて準備をしましょう（解答用紙がない場合もあります）。

針を外すときは，けがをしないように十分注意してください。また，針を外すと紛失しやすくなりますので気をつけましょう。

① 片側でとじてあるもの　　② 中央でとじてあるもの

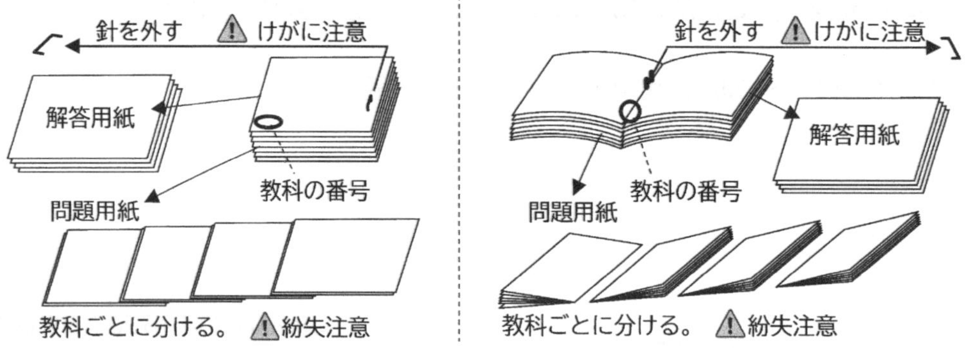

※教科数が上図と異なる場合があります。
解答用紙がない場合や，問題と一体になっている場合があります。
教科の番号は，教科ごとに分けるときの参考にしてください。

■　最新年度 実物データ

実物をなるべくそのままに編集していますが，収録の都合上，実際の試験問題とは異なる場合があります。実物のサイズ，様式は右表で確認してください。

問題用紙	Ａ４冊子(二つ折り)
解答用紙	Ａ３片面プリント

リアル過去問の活用

～リアル過去問なら入試本番で力を発揮することができる～

本番を体験しよう！

問題用紙の形式（縦向き / 横向き），問題の配置や余白など，実物に近い紙面構成なので本番の臨場感が味わえます。まずはパラパラとめくって眺めてみてください。「これが志望校の入試問題なんだ！」と思えば入試に向けて気持ちが高まることでしょう。

入試を知ろう！

同じ教科の過去数年分の問題紙面を並べて，見比べてみましょう。

① 問題の量

毎年同じ大問数か，年によって違うのか，また全体の問題量はどのくらいか知っておきましょう。どのくらいのスピードで解けば時間内に終わるのか，大問ひとつにかけられる時間を計算してみましょう。

② 出題分野

よく出題されている分野とそうでない分野を見つけましょう。同じような問題が過去にも出題されていることに気がつくはずです。

③ 出題順序

得意な分野が毎年同じ大問番号で出題されていると分かれば，本番で取りこぼさないように先回りして解答することができるでしょう。

④ 解答方法

記述式か選択式か（マークシートか），見ておきましょう。記述式なら，単位まで書く必要があるかどうか，文字数はどのくらいかなど，細かいところまでチェックしておきましょう。計算過程を書く必要があるかどうかも重要です。

⑤ 問題の難易度

必ず正解したい基本問題，条件や指示の読み間違いといったケアレスミスに気をつけたい問題，後回しにしたほうがいい問題などをチェックしておきましょう。

問題を解こう！

志望校の入試傾向をつかんだら，問題を何度も解いていきましょう。ほかにも問題文の独特な言いまわしや，その学校独自の答え方を発見できることもあるでしょう。オリンピックや環境問題など，話題になった出来事を毎年出題する学校だと分かれば，日頃のニュースの見かたも変わってきます。

こうして志望校の入試傾向を知り対策を立てることこそが，過去問を解く最大の理由なのです。

実力を知ろう！

過去問を解くにあたって，得点はそれほど重要ではありません。大切なのは，志望校の過去問演習を通して，苦手な教科，苦手な分野を知ることです。苦手な教科，分野が分かったら，教科書や参考書に戻って重点的に学習する時間をつくりましょう。今の自分の実力を知れば，入試本番までの勉強の道すじが見えてきます。

試験に慣れよう！

入試では時間配分も重要です。本番で時間が足りなくなってあわてないように，リアル過去問で実戦演習をして，時間配分や出題パターンに慣れておきましょう。教科ごとに気持ちを切り替える練習もしておきましょう。

心を整えよう！

入試は誰でも緊張するものです。入試前日になったら，演習をやり尽くしたリアル過去問の表紙を眺めてみましょう。問題の内容を見る必要はもうありません。どんな形式だったかな？受験番号や氏名はどこに書くのかな？…ほんの少し見ておくだけでも，志望校の入試に向けて心の準備が整うことでしょう。

そして入試本番では，見慣れた問題紙面が緊張した心を落ち着かせてくれるはずです。

※まれに入試形式を変更する学校もありますが，条件はほかの受験生も同じです。心を整えてあせらずに問題に取りかかりましょう。

2024 解答例
令和６年度

岩田中学校

《国　語》

一　問一．a．合間　b．支持　c．調教　d．常識　e．試練　問二．のび太の失敗が読者の記憶に残っていくが、／読んだ後でいったん忘れてしまうから。　問三．のび太の自分に甘い性格は、欧米の親たちが子供の教育上良くないと受け入れないから。　問四．③(日本では)列車の中を走り回る子供達を親が叱らないこと　⑤のび太の甘く他人頼みの性格は責められて当然だということ　問五．ウ　問六．ア，エ　問七．(ドラえもんの)ひみつ道具についての／のび太が(日常とは別の世界で)冒険する　同じような失敗をくり返す／困難を乗り越えることで成長していく

二　問一．勢いで余計な発言をしないように自分をおさえる　問二．エ　問三．⑴カ　⑵イ　問四．③ウ　④ア　問五．「ぼく」は、自分が目立ったり周りの人を動かしたりすることで、悪意を持たれること　問六．ウ，オ　問七．自分の思うことを隠さずに伝えられたこと。／菊池さんに素顔を見せてほめられたこと。

三　問一．a．ざんしょ　b．じれい　c．じちたい　d．もう　e．あいつ　問二．休憩時間に水分や塩分補給をする。／「暑さ指数」の測定器を置く。／本番を半日開催にする。／練習時間を午前中に限る。／プログラムを工夫する。などから３つ　問三．豊後高田市の多くの小中学校が運動会を10月開催にしていること。　問四．①最も多い時期　②ためらうことなく

《算　数》

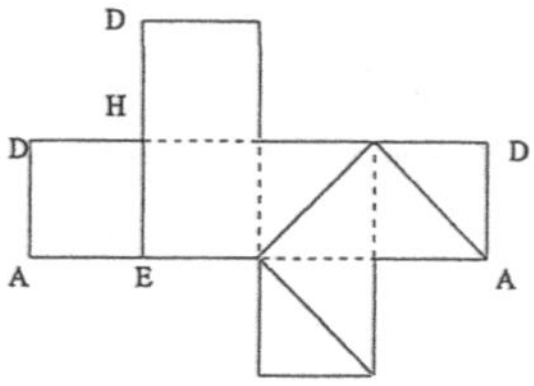

1　⑴９　⑵1.9　⑶７　⑷３　⑸21

2　⑴7.7　⑵301　⑶15　⑷右図　⑸135　⑹2.5

3　⑴①216　②６　⑵15

4　⑴(ア)1200　(イ)26　(ウ)2800　⑵480　⑶9.6

5　⑴４：５　⑵①24　②Ａのセット数…75　Ｂのセット数…80

《理　科》

1　⑴メス／右図　⑵エ　⑶ａ．精子　ｂ．受精　ｃ．受精卵　①ウ→オ→イ→エ→ア　②イ　⑷イ，エ，オ

2　⑴イ　⑵ウ　⑶塩化水素　⑷イ　⑸鉄…ア　アルミニウム…ア　⑹ア　⑺0.028　⑻６　⑼イ，ウ

3　⑴①キ，ウ　②ア　③オ　④オ　⑵エ，カ　⑶月の方が太陽より小さいが，月の方が太陽よりも近い距離にあるから。　⑷360＋29.5＝389.5　389.5÷29.5＝13.20…→13.2　360÷13.2＝27.27…→27.3日

4　⑴ア，エ，カ　⑵エ　⑶ウ　⑷個数…ア　理由…え　⑸ウ　⑹電磁石は電流を止めることで，運んだものをはずすことができるから。／電流によってくっつけたり，はずしたりできるから。などから１つ

《社　会》

1　問1．ウ　問2．イ　問3．ア　問4．エ　問5．ウ　問6．イ　問7．川から水を引くかんがいによって水を得ている。　問8．カ

2　問1．ウ　問2．広告費を出している会社に都合の悪い情報が流されなくなる。　問3．ウ　問4．オ　問5．ア　問6．すぐにその情報をうのみにするのではなく，書き込まれた内容が本当かどうか，テレビやラジオなどの信用できるメディアで確認したあとに行動する。

3　問1．当時の人々が食べたものや使った道具などが分かる。　問2．厚くて壊れやすい。　問3．銅鏡／鉄の刀／鉄製の刃をはめた農具 などから1つ　問4．ウ　問5．イ　問6．行基　問7．執権　問8．元と命がけで戦ったのに，御恩として領地をもらえなかったから。　問9．ウ　問10．イ　問11．エ　問12．陸奥宗光　問13．ウ　問14．警察予備隊　問15．アメリカ　問16．島根県

4　問1．天皇　問2．国民　問3．エ　問4．ア

5　問1．イ　問2．インターネットでの投票を可能にする。／投票者へご褒美を与える。／投票しない人への罰則規定を設ける。などから1つ　問3．ウ

1 ⑴ 与式＝22－78÷(24－18)＝22－78÷６＝22－13＝**9**

⑵ 与式＝$\frac{24}{5}\div(\frac{4}{5}-0.6\times\frac{1}{3})-6.1=\frac{24}{5}\div(\frac{4}{5}-\frac{3}{5}\times\frac{1}{3})-6.1=\frac{24}{5}\div(\frac{4}{5}-\frac{1}{5})-6.1=\frac{24}{5}\div\frac{3}{5}-6.1=$
$\frac{24}{5}\times\frac{5}{3}-6.1=8-6.1=$**1.9**

⑶ 与式より，$(\square+\frac{7}{2})\times\frac{5}{6}\times\frac{1}{7}-\frac{1}{4}=1$　　$(\square+\frac{7}{2})\times\frac{5}{42}=1+\frac{1}{4}$　　$\square+\frac{7}{2}=\frac{5}{4}\div\frac{5}{42}$　　$\square+\frac{7}{2}=\frac{5}{4}\times\frac{42}{5}$
$\square=\frac{21}{2}-\frac{7}{2}=\frac{14}{2}=$**7**

⑷ 与式より，$48\times\frac{1}{32}\times\square=9\times6\times\frac{1}{12}$　　$\frac{3}{2}\times\square=\frac{9}{2}$　　$\square=\frac{9}{2}\div\frac{3}{2}=\frac{9}{2}\times\frac{2}{3}=$**3**

⑸ **【解き方】分子を４と６と36の最小公倍数である36に合わせて，分母の大きさを比べる。**
$\frac{4}{5}=\frac{4\times9}{5\times9}=\frac{36}{45}$，$\frac{6}{7}=\frac{6\times6}{7\times6}=\frac{36}{42}$だから，42＜２×□＋１＜45　　41＜２×□＜44　　20.5＜□＜22となる。
よって，□は20.5より大きく，22より小さい整数だから，□＝**21**である。

2 ⑴ **【解き方】食塩水を混ぜる前後で，ふくまれる食塩の量の合計は変わらないことを利用する。**
８％の食塩水200ｇにふくまれる食塩は200×0.08＝16(ｇ)，10％の食塩水140ｇにふくまれる食塩は140×0.1＝14(ｇ)だから，求める食塩水の濃《のう》度《ど》は，$\frac{16+14}{200+140+50}\times100=7.69\cdots$(％)より，**7.7％**である。

⑵ **【解き方】Ａを３，４，５，６でそれぞれ割った余りが１だから，Ａ－１は３，４，５，６の公倍数である。**
３，４，５，６の最小公倍数は60だから，Ａ－１は60の倍数である。よって，Ａは60の倍数に１を足した数だから，61，121，181，241，301，…となり，301÷７＝43で初めて７で割り切れる。よって，求める数は**301**

⑶ **【解き方】縦軸を平均点，横軸を人数とした面積図を利用する。**
右の面積図において，男子の平均点と全体の平均点の差を□点とすると，図の２つの色付き部分の面積が等しい。よって，□×15＝１×12より，□＝0.8だから，女子の平均点は13.2＋0.8＋１＝**15**(点)である。

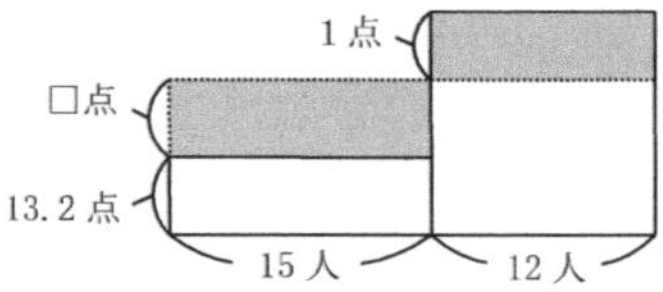

⑷ **【解き方】【図２】に各頂点の記号をすべて書きこんでから考える。**
【図１】に切り口の線を，【図２】に各頂点の記号をそれぞれ補うと，右のようになる。
よって，【図２】において，面ＡＢＣＤ上にＡＣを，面ＡＥＦＢ上にＡＦを，面ＢＦＧＣ上にＣＦをそれぞれ引けばよい。

【図1】
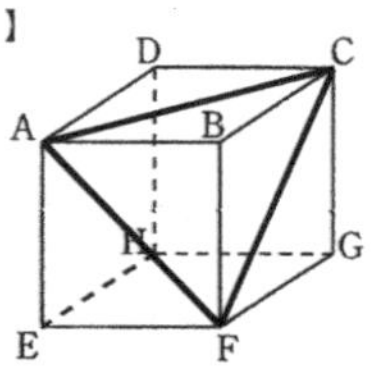

【図2】
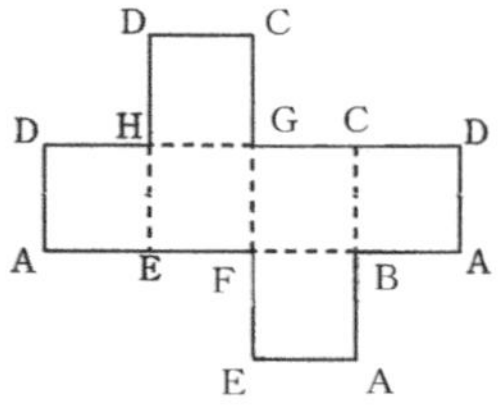

⑸ **【解き方】右図で，角●＋角○の大きさを求める。**
角ＣＡＢ＝角●×２＋角○，角ＡＢＣ＝角●＋角○，角ＢＣＡ＝角●＋角○×２
三角形ＡＢＣの内角の和は，角ＣＡＢ＋角ＡＢＣ＋角ＢＣＡ＝
(角●×２＋角○)＋(角●＋角○)＋(角●＋角○×２)＝角●×４＋角○×４＝(角●＋角○)×４となる。
これが180°に等しいから，角●＋角○＝180°÷４＝45°　　よって，三角形ＡＤＣの内角の和より，
角㋐＝180°－(角●＋角○)＝180°－45°＝**135°**

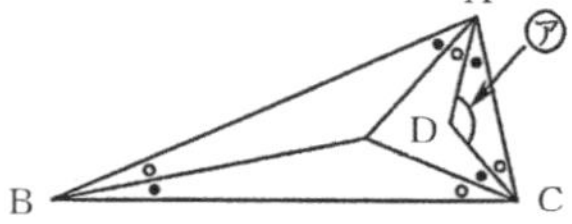

⑹ **【解き方】まずはＡＢ：ＢＤの比を求める。**
ＢＤ：ＤＥ＝ＢＣ：ＣＡ＝５：３であり，ＡＤ＝ＤＥだから，ＡＢ：ＢＤ＝(ＡＤ＋ＢＤ)：ＢＤ＝
(ＤＥ＋ＢＤ)：ＢＤ＝(３＋５)：５＝８：５　　よって，ＢＤ＝ＡＢ×$\frac{5}{8}=4\times\frac{5}{8}=\frac{5}{2}=$**2.5**(㎝)

3 ⑴① **【解き方】右図のように，【図１】の立体を２つの直方体に分ける。**

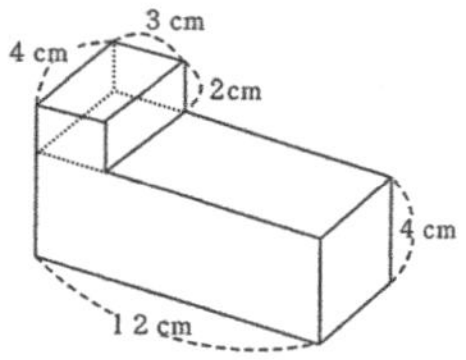

求める体積は，（４×３×２）＋（４×12×４）＝24＋192＝**216**(cm³)

② ①より，【図２】の立方体の体積は 216 cm³である。

右の筆算より，216＝２×２×２×３×３×３＝６×６×６と

なるから，１辺の長さは**６**cmである。

2) 216
2) 108
2) 54
3) 27
3) 9
　 3

⑵ **【解き方】(柱体の側面積)＝(底面の周の長さ)×(高さ)となる。**

【図２】の立方体の表面積は，10×10×６＝600(cm²)である。

【図３】の三角柱において，図ｉの面[イ]と面[エ]の面積の和は，

（８＋17）×12＝300(cm²)である。

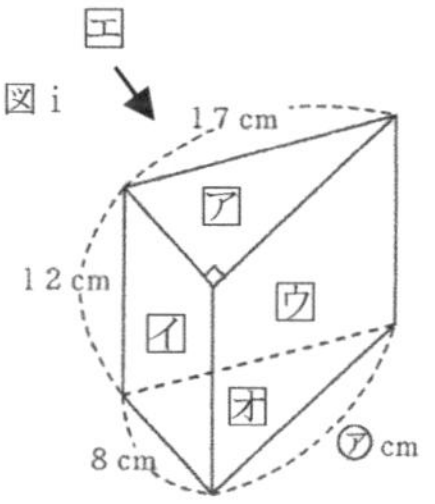

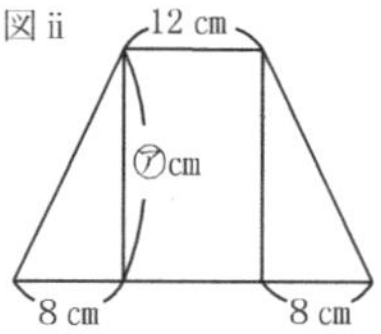

面[ア]，面[ウ]，面[オ]をつなげて平面にしたとき，図ⅱのような

台形となり，この面積が 600－300＝300(cm²)となる。

よって，{12＋(８＋12＋８)}×㋐÷２＝300 より，

㋐＝300×２÷40＝**15**

4 ⑴⑵ **【解き方】グラフの傾《かたむ》きが変わったところで何が起きたか考える。**

文房具《ぶんぼうぐ》店を出てから忘れ物に気づくまで，20－(６＋２)＝12(分間)だけ分速 70mで進んだ。よって，(ア)＝360＋70×12＝**1200**　忘れ物に気づいた地点から家までの道のりは 1680－1200＝**480**(m)だから，分速 80mで進んだとき，かかる時間は 480÷80＝６(分)である。よって，(イ)＝20＋６＝**26**

忘れ物を持って家を出発した時間は，最初に家を出てから 26＋２＝28(分後)である。家から学校まで，分速 70mで進むと 44－28＝16(分)かかったから，道のりは 70×16＝1120(m)である。よって，(ウ)＝1680＋1120＝**2800**

⑶ 家から学校までの道のりは 1120mだから，７分ちょうどで学校に着くとき，進む速さは

分速(1120÷７)m＝時速(1120÷７×60÷1000)km＝時速 9.6 kmである。よって，時速 **9.6** km以上にすればよい。

5 ⑴ **【解き方】Ａの商品の個数を①個，Ｂの商品の個数を[1]個と表して，式を立てる。**

Ａの個数の$\frac{3}{8}$とＢの個数の$\frac{3}{5}$の合計は，Ａの個数の$\frac{5}{8}$とＢの個数の$\frac{2}{5}$の合計に等しいから，

$\left(\frac{3}{8}\right)+\boxed{\frac{3}{5}}=\left(\frac{5}{8}\right)+\boxed{\frac{2}{5}}$　$\left(\frac{5}{8}\right)-\left(\frac{3}{8}\right)=\boxed{\frac{3}{5}}-\boxed{\frac{2}{5}}$　$\left(\frac{1}{4}\right)=\boxed{\frac{1}{5}}$　⑤＝[4]となる。

つまり，Ａの個数の５倍はＢの個数の４倍と等しいので，求める比は，**４：５**である。

⑵① **【解き方】1000 個の商品がすべてＢの商品だとすると，全部で 1000÷５＝200(セット)ある。ここから商品が余らないように，ＢをＡに置きかえることを考える。**

商品を余らせずにＢをＡに置きかえるには，ＡとＢの１セットの個数の８個と５個の最小公倍数である 40 個ずつ置きかえればよい。つまり，Ｂの 40÷５＝８(セット)をＡの 40÷８＝５(セット)に置きかえることができるので，200÷８＝25(回)置きかえられるから，全部で 25＋１＝26(通り)ある。このうち，Ａが 1000 個またはＢが 1000 個の２通りを除くと，全部で 26－２＝**24**(通り)ある。

② **【解き方】①より，Ａが０セット，Ｂが 200 セットある状態からＢのセットを８セット，16 セット，24 セット，…とＡのセットに置きかえるとき，ＡとＢのセット数の差がどのようになるかを考える。**

ＢのセットをＡのセットに１回置きかえると，Ｂが８セット減り，Ａが５セット増えるので，セット数の差は５＋８＝13(セット)ちぢまる。よって，200÷13＝15 余り５より，セットの置きかえを 15 回行ったとき，セット数の差が最もちぢまるから，Ａを５×15＝**75**(セット)，Ｂを 200－８×15＝**80**(セット)にすればよい。

2023 解答例 令和５年度　岩田中学校

《国　語》

一　問一．a．かおく　b．慣　c．かなめ　d．発揮　e．急務　問二．A．イ　B．ア　C．エ　D．ウ
問三．ア．浸水の深さ　イ．避難先　ウ．避難経路　エ．避難情報　オ．気象情報　カ．在宅避難
問四．a．×　b．○　c．×　d．○　e．×　問五．地域でとも～人びとの力　問六．オ
問七．(例文)災害はいつ、どこで起こるかが分からないため、家族で避難できるとは限りません。携帯電話が使えずに連絡がとれない可能性もあるので、災害が起きた時にどう行動すべきかを家族で話し合っておくことが大切です。

二　問一．A．オ　B．カ　C．イ　D．ア　E．エ　問二．自分に自信がない状態をなんとか変えようとして、無理に人前で行動している　問三．ア　問四．自分の気持ちに素直でいいという、今まで考えもしなかった言葉をかけてくれたから。　問五．ウ

三　問一．エ　問二．大根　問三．ウ　問四．かな　問五．イ　問六．ア　問七．ア　問八．A．愛情　B．さびしさ　C．喜び

四　問一．(1)オ　(2)ア　(3)エ　問二．(1)人物／荷物　(2)人工／工面　(3)定期／定石

《算　数》

1　(1)54　(2)$\frac{2}{3}$　(3)157　(4)$\frac{2}{5}$　(5)①２　②５

2　(1)15　(2)945　(3)2018　(4)75　(5)ＣＤＥＡＢ

3　(1)28　(2)22　(3)312　(4)右グラフ　※(5)20 ㎝

4　(1)12　(2)189　(3)$\frac{9}{20}$

5　(1)120　(2)40　(3)50
(4)歯車Ｄ…72　歯車Ｅ…60／72／80／84 のうち１つ　歯車Ｆ…80

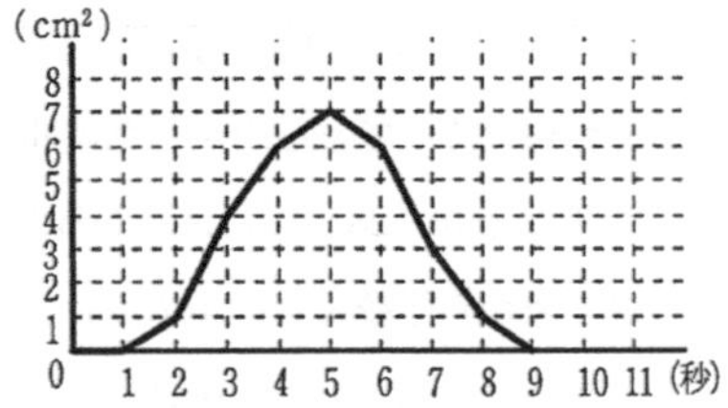

※の計算式は解説を参照してください。

《理　科》

1　(1)(エ)　(2)火山の活動　(3)－20　(4)地層　(5)(エ)　(6)化石

2　(1)(イ)　(2)(ウ)　(3)消化　(4)①→④→③　(5)記号…④　名前…小腸　(6)血液

3　(1)(エ)　(2)(エ)　(3)(ウ)　(4)(イ)　(5)(ア)　(6)(ア)　(7)６％

4　(1)20　(2)Ｊ　(3)8.0　(4)(ウ)　(5)72

《社　会》

1　問１．Ａ市…ウ　Ｃ市…ア　Ｄ市…イ　問２．ア　問３．となり合う東京に通勤・通学する人が多く，そこで買い物をする場合が多いため。　問４．記号…Ｅ　市名…さいたま市　問５．広島市　問６．エ

2　問１．イ　問２．ウ　問３．線状降水帯　問４．イ　問５．同じ建物の中で，できるだけ高い場所に移動すること。　問６．梅雨時の雨や雪どけ水によって，米の栽培がしやすい。

3　問１．イ　問２．エ　問３．イ　問４．ア　問５．地頭　問６．北条時宗　問７．モンゴルから新しく領地をうばった訳でないから。　問８．エ　問９．フランシスコ＝ザビエル　問10．農民から武器を取り上げた。　問11．武家諸法度　問12．ア　問13．イ　問14．ウ　問15．イ　問16．ア　問17．イ

4　問１．文化　問２．地方公共団体　問３．年齢や障害の有無に関係なく，全ての人が使いやすいようにつくられた生活環境。　問４．イ　問５．自衛隊　問６．子どもの権利条約　問７．ウ　問８．ウ

2023 算数解説 令和5年度 岩田中学校

1 (1) 与式＝52＋(14－8)÷3＝52＋6÷3＝52＋2＝**54**

(2) 与式＝$\frac{52}{17}\times\frac{34}{13}\times\frac{1}{12}=\mathbf{\frac{2}{3}}$

(3) 与式＝(3.14×10)×1.5+3.14×5＋(3.14×0.1)×300＝3.14×(10×1.5＋5＋0.1×300)＝

3.14×(15＋5＋30)＝3.14×50＝**157**

(4) 与式より，$\frac{1}{3}\times(\square+\frac{1}{2})=\frac{3}{4}-\frac{9}{20}$　$\square+\frac{1}{2}=\frac{15-9}{20}\times 3$　$\square=\frac{9}{10}-\frac{1}{2}=\frac{9-5}{10}=\frac{4}{10}=\mathbf{\frac{2}{5}}$

(5)① **【解き方】1dL＝100mL，1L＝1000mL である。**

与式より，800mL＋(100×□)mL＝1000mL　(100×□)mL＝1000mL－800mL　□mL＝(200÷100)mL　□＝**2**

② 時速18㎞＝時速(18×1000)m＝秒速(18×1000÷60÷60)m＝秒速**5**m

2 (1) **【解き方】(平均)×(月数)＝(合計)である。**

1月から4月に見た映画の本数の合計は12＋9＋4＋11＝36(本)であり，5月，6月，8月の合計は10＋3＋16＝29(本)である。5月から8月までの合計は1月から4月までの合計より，平均が2本多いので，2×4＝8(本)多くなる。よって，7月の本数は36－29＋8＝**15**(本)である。

(2) **【解き方】Bさんの所持金は変化しないので，AさんとCさんの所持金の比のみ考えればよい。また，AさんとCさんの所持金の合計はお金を渡す前後で変化しないことを利用する。**

お金を渡す前のAさんとCさんの所持金の比は5：7だから，合計金額の比の数は5＋7＝12，お金を渡した後は19：17だから，合計金額の比の数は19＋17＝36となり，これらの金額は等しい。12と36の最小公倍数は36だから，比の数の和が36になるようにお金を渡す前のAさんとCさんの所持金の比に36÷12＝3をかけると，5：7＝(5×3)：(7×3)＝15：21となる。よって，180円は比の数の19－15＝4にあたるから，Cさんの最初の所持金は，$180\times\frac{21}{4}=$**945**(円)である。

(3) **【解き方】3で割っても4で割っても2余る数から2を引くと，3と4の公倍数，つまり12の倍数になる。**

2023÷12＝168余り7より，2023より小さく，最も2023に近い12の倍数は2023－7＝2016である。また，2023より大きく，最も2023に近い12の倍数は2016＋12＝2028である。よって，2016＋2＝2018，2028＋2＝2030より，2018の方が2030より2023に近いので，求める整数は**2018**である。

(4) **【解き方】水を蒸発させても，ふくまれる食塩の量は変わらないことを利用する。**

15％の食塩水300gにふくまれる食塩の量は300×0.15＝45(g)だから，ふくまれる水の量は300－45＝255(g)である。20％の食塩水にふくまれる水の量は，$45\times\frac{100-20}{20}=180$(g)だから，蒸発させた水の量は255－180＝**75**(g)である。

(5) **【解き方】3つの条件を整理し，具体的な並び方を考える。**

①より，A→…→B，C→…→Aの順に並ぶ(…には文字がふくまれない場合もある)。

②より，C→…→D，D→…→Aの順に並ぶ(…には文字がふくまれない場合もある)。

③より，○○E○○の並びである。

左から3番目はEであり，CとDはAより左側，BはAより右側にあるから，○○EABの並びが確定する。

②より，C→Dの順に並ぶから，パスワードは**CDEAB**である。

3 ⑴ **【解き方】右図のように，記号をおく。**

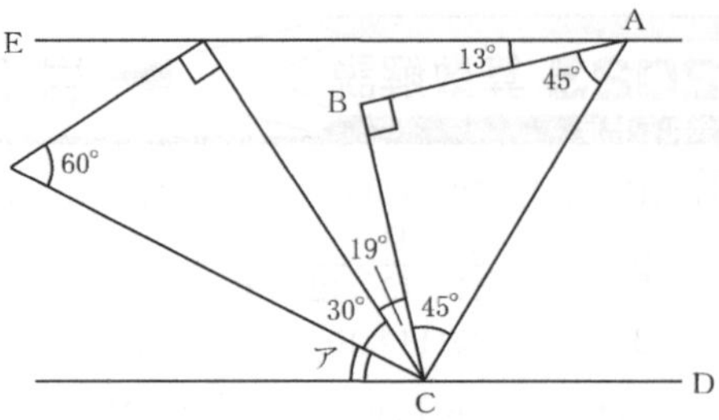

ＥＡとＣＤは平行だから，平行線の錯角は等しいので，
角ＡＣＤ＝角ＥＡＣ＝13°＋45°＝58°
よって，角ア＝180°－(30°＋19°＋45°＋58°)＝**28°**

⑵ **【解き方】右図のように，たて線を左からＡ，Ｂ，Ｃ，Ｄ，横線を上から①，②，③，④とする。ＡからＤと①から④からそれぞれ２本ずつ直線を決めると，それらの直線は四角形を作り，交点は四角形の角となる。**

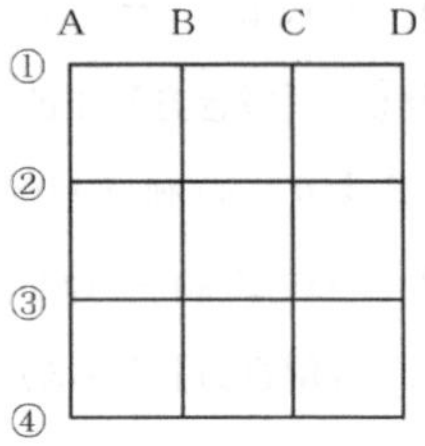

ＡからＤの４本から２本決める決め方は，(Ａ，Ｂ)(Ａ，Ｃ)(Ａ，Ｄ)(Ｂ，Ｃ)(Ｂ，Ｄ)(Ｃ，Ｄ)の６通りであり，この６通りそれぞれに対して①から④から２本決める決め方は６通りある。よって，四角形は全部で６×６＝36(通り)作ることができる。
また，ＡＢの長さを１とすると，作ることができる正方形は，１辺の長さが１のものが９個，２のものが４個，３のものが１個だから，合計で９＋４＋１＝14(個)である。したがって，求める個数は36－14＝**22**(個)である。

⑶ 三角柱を取り除く前の直方体の体積は，８×８×６＝384(㎤)，取り除いた三角柱の体積は８×(６－３)÷２×６＝72(㎤)だから，求める体積は384－72＝**312**(㎤)である。

⑷ **【解き方】３秒後に重なっている部分は図１のようになる。図形Ａを図のように１辺の長さが１㎝の正方形に分け，３秒後から１秒ごとに重なっている正方形の個数が何個増える(減る)かを考えればよい。**

図１

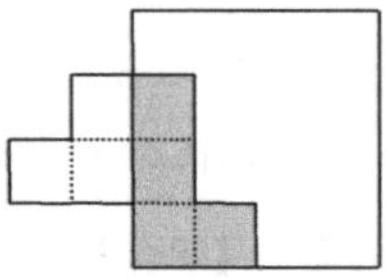

３秒後

図２

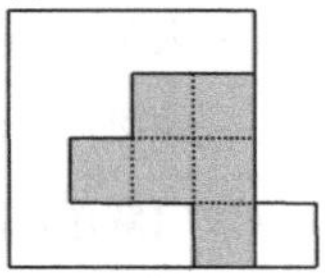

６秒後

図１より，４秒後は３秒後より重なっている正方形が２個増えるから，面積は４＋２＝６(㎠)になる。５秒後は４秒後よりさらに１個増えるから，面積は６＋１＝７(㎠)になる。６秒後は図２のようになり，５秒後より重なっている正方形が１個減るから，面積は７－１＝６(㎠)になる。同様にして，７秒後は６－３＝３(㎠)，８秒後は３－２＝１(㎠)，９秒後は１－１＝０(㎠)となる。よって，これらを１秒ごとに直線でつないでいったグラフになる。

⑸ 円柱を取り除く前の直方体の底面積は30×25＝750(㎠)，円柱の底面積は10×10×3.14＝314(㎠)である。よって，この立体の底面積は750－314＝436(㎠)だから，求める高さは8720÷436＝**20**(㎝)である。

4 ⑴ **【解き方】１回目に手順①から手順③を行うことを１順目，２回目は２順目，…と表す。また，Ａ，Ｂ，Ｃに置いたカードが１，２，３であれば，(１，２，３)と表す。**

１順目は(１，２，３)である。２順目は１が無くなるから(２，３，４)である。３順目は２が無くなるから(３，４，５)である。３順目が終わった時点で，３が無くなり，４が残り１枚，５が残り２枚となるので，１順ごとにＡ，Ｂ，Ｃに置く数字は１ずつ増えていくとわかる。
よって，10枚目にＣに置いたカードは３＋(10－１)＝**12**である。

⑵ ⑴の解説をふまえる。20のカードはＣに置くことになり，このときＡには20－２＝18のカードを置くから，18順目であり，18のカードは16，17，18順目，19のカードは17，18順目に置くから，18順目ですべてのカードを置いたとわかる。よって，Ｂには２から19まで連続する整数のカードが置かれている。
１から19までの連続する整数の列を２つ使って右のような筆算が書けるから，

　　１＋２＋３＋……＋19
＋)　19＋18＋17＋……＋１
　　20＋20＋20＋……＋20

２から19までの連続する整数の和，つまりＢに置かれたカードの数の和は，$\frac{20\times19}{2}-1=$**189**である。

⑶　ここまでの解説をふまえる。１順目から18順目までのＢとＣの積は，２×３，３×４，…，18×19，19×20だから，$\frac{1}{2\times3}+\frac{1}{3\times4}+\cdots+\frac{1}{18\times19}+\frac{1}{19\times20}=(\frac{1}{2}-\frac{1}{3})+(\frac{1}{3}-\frac{1}{4})+\cdots+(\frac{1}{18}-\frac{1}{19})+(\frac{1}{19}-\frac{1}{20})=\frac{1}{2}-\frac{1}{20}=\boldsymbol{\frac{9}{20}}$

5　⑴　ペダルを180回転させるとき，歯車Ａと歯車Ｂの歯がかみ合う回数は24×180＝4320(回)だから，歯車Ｂは4320÷36＝**120**(回転)する。

⑵　ペダルを５回転させるとき，歯車Ａと歯車Ｂの歯がかみ合う回数は32×５＝160(回)だから，歯車Ｂの歯数は160÷４＝**40**である。

⑶　**【解き方】歯車Ｂを600回転させるためには，歯車Ａが600×$\frac{45}{36}$＝750(回転)，つまり，ペダルを750回転させればよい。また，つるかめ算を利用する。**

ペダルを１分間に５回転の速さで100分間回転させると，５×100＝500(回転)することになり，実際より750－500＝250(回転)少ない。１分間だけ５回転から10回転に変えると，合計の回転数は10－５＝５(回転)だけ増えるから，ペダルを１分間に10回転させた時間は250÷５＝**50**(分)である。

⑷　**【解き方】歯車Ｅの歯数は他の歯車の回転数に無関係である。よって，歯車Ｄと歯車Ｆが直接かみ合っていると考えればよい。**

歯車Ｅの歯数は**60，72，80，84**のいずれでもよい。

ペダル(歯車Ｄ)を40回転させると，歯車Ｆが36回転するので，歯車Ｄと歯車Ｆの歯数の比は，回転数の比40：36＝10：９の逆比の９：10である。60，72，80，84のうち$\frac{10}{9}$倍するとこの中のいずれかの数になる組み合わせを考えると，72×$\frac{10}{9}$＝80が見つかる。よって，歯車Ｄの歯数は**72**，歯車Ｆの歯数は**80**である。

2022 解答例 令和4年度

岩田中学校

《国　語》

一　問一．a．にな　b．前提　c．内蔵　d．構築　e．特化　問二．X．エ　Y．オ　Z．ア　問三．ウ
問四．人や動物にしかできない作業ができる機械は、「人工知能」と呼んで良さそうなこと。
問五．(1)知的活動　(2)全てのモノ　問六．不便なことを便利にするはずが、できていたことすら禁止されるようになるということ。　問七．ア　問八．都合良く片

二　問一．仲間との別れを実感している。　問二．ミサキの言葉を聞いて悲しくなっていたが、何も言えない自分の代わりに思いを整理してくれたことに安心している。　問三．エ　問四．世界を出る決断をした　問五．C

三　問一．期待　問二．ア　問三．模型飛行機　問四．うれしく　問五．形式　問六．どきどき
問七．イ

四　問一．(1)オ　(2)ウ　(3)イ　問二．(1)雪が　(2)宿題は　(3)富士山は　(4)私も

《算　数》

1　(1)3　(2)$19\frac{5}{8}$　(3)15.46　(4)700　(5)20，12

2　(1)3　(2)101　(3)9　(4)B　(5)①28　②2，3，5，7

3　(1)91　(2)2：5　(3)1017.36　(4)27　(5)10

4　(1)6　和…$3\frac{3}{11}$　(2)$\frac{17}{27}$　(3)130

5　(1)60×x　(2)100　(3)$\frac{3}{7}$

《理　科》

1　(1)ウ　(2)エ　(3)部分…イ　名前…子葉　(4)①ア，イ　②ア，ウ　③ア，オ　(5)ア，ウ　(6)b，c，e

2　(1)エ　(2)イ　(3)(皆既)月食　(4)イ　(5)西　(6)図1．はくちょう座　図2．さそり座
(7)ア．デネブ　イ．アンタレス　(8)ア

3　(1)ちっ素　(2)エ　(3)ウ　(4)炭　(5)イ　(6)エ　(7)大気汚染／地球温暖化／酸性雨／燃料枯渇 などから1つ

4　(1)(アとイ)ア　(ウとエ)エ　(2)(アとイ)イ　(ウとエ)ウ　(3)ア　(4)ア，ウ，カ，キ　(5)上にたまった暖かい空気が下に降りてくるから。／下にたまった冷たい空気が上に上がるから。／暖かい空気と冷たい空気が循環したから。 などから1つ　(6)134　(7)8

《社　会》

[1] 問1．ウ　問2．エ　問3．ウ　問4．エ　問5．自動車関連の工場で働く男性の従業員が多くすんでいるから。　問6．下請・部品工場から組み立て工場への部品の販売が多いから。　問7．城下町の古い町並みや伝統工芸などが残る都市で，訪れる観光客が多いから。

[2] 問1．ア　問2．けい卵は割れやすく新鮮さが求められるため，輸入が難しいから。　問3．栽培漁業
問4．イ　問5．ウ　問6．食料品を輸送する際に発生する二酸化炭素の排出を減らすことができる。
問7．ア

[3] 問1．エ　問2．遠く離れた地域との交流があった。　問3．大和政権の勢力が九州から関東まで広がっていた。　問4．ウ　問5．聖徳太子〔別解〕厩戸王　問6．イ　問7．寝殿造　問8．年中行事
問9．ウ　問10．足利義政　問11．読みや書きなどを教える寺子屋が全国各地に設けられたから。
問12．大名にたくさんのお金を使わせることで，幕府に反抗する力を持たせないため。　問13．日本国内でおこる外国人との問題で，日本の方で外国人を裁けない。　問14．大阪府　問15．京都府

[4] 問1．ウ　問2．長官を指名する〔別解〕裁判官を任命する　問3．エ　問4．違憲立法審査権
問5．裁判員　問6．イ　問7．ＳＤＧｓ　問8．ア

1 ⑴ 与式＝23－(13－９)×５＝23－４×５＝23－20＝３

⑵ 与式＝$4\div\frac{1}{4}+3\frac{6}{8}-\frac{1}{8}=4\times4+3\frac{5}{8}=16+3\frac{5}{8}=19\frac{5}{8}$

⑶ 与式より，(□－0.58)＝9.3×1.6　□＝14.88＋0.58＝15.46

⑷ 与式＝２×６×14＋３×28＋８×２×28＝６×28＋３×28＋16×28＝(６＋３＋16)×28＝25×28＝700

⑸ 与式＝(26時間41分)÷５＝5.2時間8.2分＝５時間(0.2×60＋８)分(0.2×60)秒＝５時間20分12秒

2 ⑴ **【解き方】食塩水の問題は，うでの長さを濃度《のうど》，おもりを食塩水の重さとしたてんびん図で考えて，うでの長さの比とおもりの重さの比がたがいに逆比になることを利用する。**

食塩水Ａの濃度をａ％，食塩水Ｂの濃度をｂ％とする。

７％，５％のてんびん図はそれぞれ，図ｉ，ⅱのようになる。この２つの食塩水の量は700ｇで等しく，

図ｉ

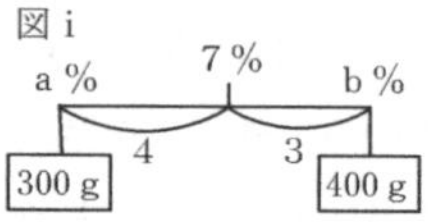

図ⅱ

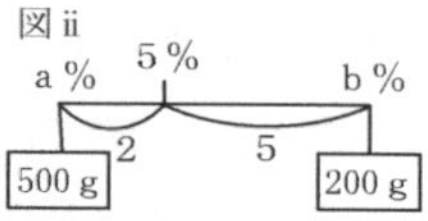

うでの長さの比の数の和も７で等しいので，図ｉと図ⅱを比べると，比の数の差の４－２＝２が７－５＝２(％)にあたるとわかる。よって，求める濃度は，５－２＝３(％)

⑵ **【解き方】２と３の最小公倍数は６なので，200から500までの整数のうち，(２で割り切れる数の個数)－(６で割り切れる数の個数)で求めることができる。**

１から199までの整数について，２の倍数は199÷２＝99余り１より99個，６の倍数は199÷６＝33余り１より33個ある。１から500までの整数について，２の倍数は500÷２＝250(個)，６の倍数は500÷６＝83余り２より83個ある。よって，200から500までの整数について，２の倍数は250－99＝151(個)，６の倍数は83－33＝50(個)あるから，求める個数は，151－50＝101(個)

⑶ 太郎さん，次郎さん，花子さん，和子さんが用意したプレゼントをそれぞれ，Ａ，Ｂ，Ｃ，Ｄとすると，(太郎さん，次郎さん，花子さん，和子さん)が受け取るプレゼントの組み合わせは，(Ｂ，Ａ，Ｄ，Ｃ)(Ｂ，Ｃ，Ｄ，Ａ)(Ｂ，Ｄ，Ａ，Ｃ)(Ｃ，Ａ，Ｄ，Ｂ)(Ｃ，Ｄ，Ｂ，Ａ)(Ｃ，Ｄ，Ａ，Ｂ)(Ｄ，Ａ，Ｂ，Ｃ)(Ｄ，Ｃ，Ａ，Ｂ)(Ｄ，Ｃ，Ｂ，Ａ)の９通りある。

⑷ 例えば，アの方がイよりも高いことを，イ＜アと表すことにする。

①，③より，Ｄを除くＡ，Ｂ，Ｃ，Ｅの大小関係は，(Ａ，Ｃ)＜Ｂ＜Ｅだとわかる(ＡとＣはどちらが高いかはわからない)。④より，Ｄが３番目に高いから，(Ａ，Ｃ)＜Ｄ＜Ｂ＜Ｅだとわかる。これは①，②をみたす。よって，２番目に高い文房具は，Ｂである。

⑸① 28の約数は，１と28，２と14，４と７だから，＜28＞＝１＋２＋４＋７＋14＝28

② **【解き方】Ａ以外の約数の和が１になるのは，Ａが素数(１とその数自身のみを約数にもつ数)のときである。**

１けたの素数を考えればよいので，条件に合うＡは，２，３，５，７である。

3 ⑴ **解き方】長針は60分で360°進むので，１分ごとに360°÷60＝６°進む。短針は60分で360°÷12＝30°進むので，１分ごとに30°÷60＝0.5°進む。したがって，１分ごとに長針は短針より６°－0.5°＝5.5°多く進む。**

時計が１時をさすとき，長針と短針のつくる小さい方の角は，360°÷12＝30°となる。ここから１時22分までに，長針は短針よりも5.5°×22＝121°多く進むから，このときの長針と短針のつくる小さい方の角は，121°－30°＝91°となる。

(2)　【解き方】右の「メネラウスの定理」を用いて，ＢＯ：ＯＱを求める。
高さの等しい三角形の面積の比は，底辺の長さの比に等しいことを利用する。

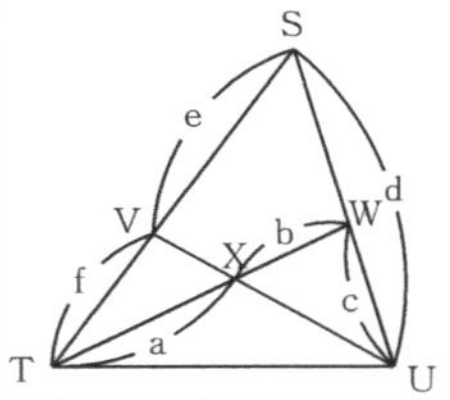

メネラウスの定理
左の三角形ＳＴＵにおいて，
$\frac{TX}{XW}\times\frac{WU}{US}\times\frac{SV}{VT}=1$　$\frac{a}{b}\times\frac{c}{d}\times\frac{e}{f}=1$
一筆書きのようになるのがポイント。
１回だけ逆に進む辺がある。

$\frac{BO}{OQ}\times\frac{QC}{CA}\times\frac{AR}{RB}=1$だから，
$\frac{BO}{OQ}\times\frac{6}{6+5}\times\frac{2}{3}=1$　　$\frac{BO}{OQ}=\frac{11}{4}$
(三角形ＢＣＱの面積)＝(三角形ＡＢＣの面積)×$\frac{QC}{CA}$＝(三角形ＡＢＣの面積)×$\frac{6}{11}$
(三角形ＯＢＣの面積)＝(三角形ＢＣＱの面積)×$\frac{BO}{BQ}$＝(三角形ＡＢＣの面積)×$\frac{6}{11}\times\frac{11}{11+4}$＝(三角形ＡＢＣの面積)×$\frac{2}{5}$
よって，三角形ＯＢＣと三角形ＡＢＣの面積の比は，２：５である。

(3)　【解き方】できる立体は右図のようになる。

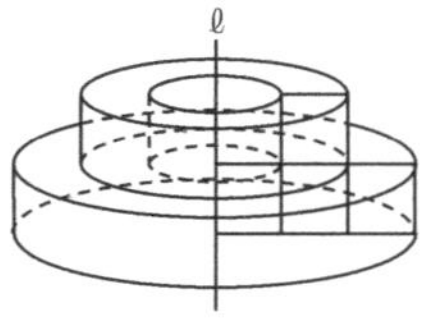

求める体積は，底面の半径が３×３＝９(cm)，高さが３cmの円柱と，底面の半径が３×２＝６(cm)，高さが３cmの円柱の体積の和から，底面の半径が３cm，高さが３cmの円柱の体積をひけばよいので，
９×９×3.14×３＋６×６×3.14×３－３×３×3.14×３＝(81＋36－９)×３×3.14＝1017.36(cm³)

(4)　【解き方】Ｅの位置は図ｉのようになる。三角形ＣＤＥと合同な三角形を２つ合わせると図iiのように正三角形ができるので，ＥＣ＝ＤＥ÷２＝６÷２＝３(cm)とわかる。
図ｉと合同な正方形４つを，図iii，ivのように重ねて，１つの大きな正方形をつくり，その正方形の面積を２通りの方法で表すことで，正方形ＡＢＣＤの面積を求める。

図ｉ
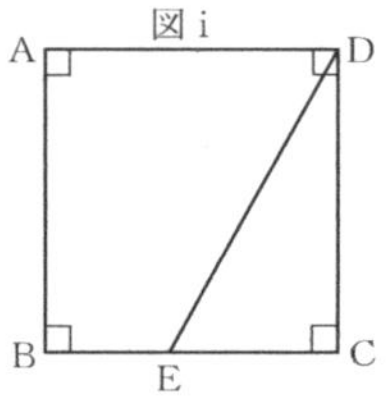

図ii
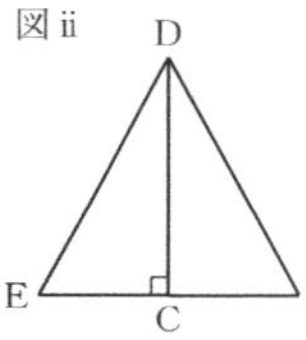

図iii
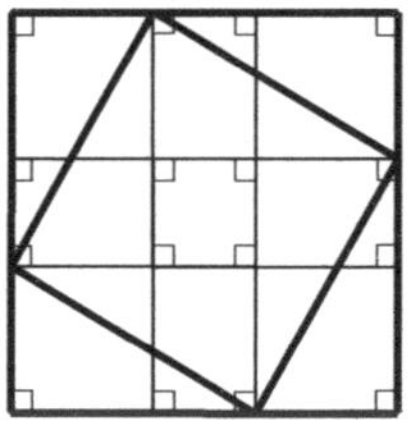

図iv
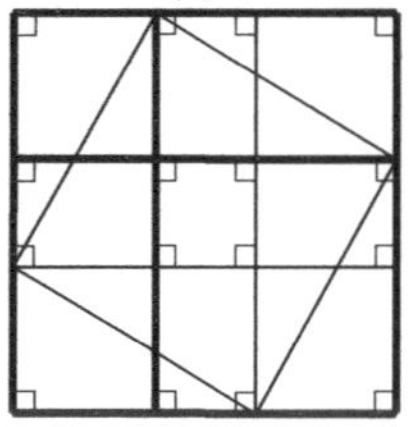

正方形ＡＢＣＤの面積をＳcm²とする。
㋐図iiiの太線で囲まれた直角三角形１つの面積をａcm²とすると，
㋑図ivの太線で囲まれた長方形は，㋐を２つ合わせた図形なので，面積は(ａ×２)cm²と表せる。
図iiiについて，大きな正方形は，１辺がＤＥ＝６cmの正方形と㋐４つを合わせた図形なので，面積は，６×６＋ａ×４＝36＋ａ×４(cm²)と表せる。
図ivについて，大きな正方形は，正方形ＡＢＣＤと１辺がＥＣ＝３cmの正方形と㋑２つを合わせた図形なので，
面積は，Ｓ＋３×３＋(ａ×２)×２＝Ｓ＋９＋ａ×４(cm²)
図iiiと図ivの大きな正方形の面積に注目すると，Ｓ＝36－９＝27(cm²)とわかるので，正方形ＡＢＣＤの面積は27 cm²である。

(5)　【解き方】斜線《しゃせん》部分の面積の合計は，縦が(□－２)ｍ，横が16－２＝14(ｍ)の長方形の面積に等しい。
面積の合計は112 m²だから，(□－２)×14＝112　　□－２＝112÷14　　□＝８＋２＝10

4　【解き方】$\frac{1}{1}$｜$\frac{1}{3}$，$\frac{3}{3}$｜$\frac{1}{5}$，$\frac{3}{5}$，$\frac{5}{5}$｜$\frac{1}{7}$，…のように分け，それぞれ１グループ目，２グループ目，…とする。各グループで，分母の数は１から２ずつ大きくなっている。また，グループ内で，分子の数は１から２ずつ大きくなっている。
(1)　分母が11の分数は，分子が１，３，５，７，９，11の６個ある。
分数の和は，分子の和が１＋３＋５＋７＋９＋11＝36となるので，$\frac{36}{11}=3\frac{3}{11}$である。

(2)　【解き方】nグループ目までの分数の個数の和は，1からnまでの連続する整数の和だから，$\frac{(1+n)\times n}{2}$と表せる。

$\frac{(1+13)\times 13}{2}=91$，$\frac{(1+14)\times 14}{2}=105$より，100番目の分数は，14グループ目の$100-91=9$(番目)の分数だとわかる。14グループ目の分母は$1+2\times(14-1)=27$，9番目の分子は$1+2\times(9-1)=17$だから，求める分数は，$\frac{17}{27}$である。

(3)　【解き方】(2)をふまえ，$\frac{19}{31}$が何グループ目の何番目の分数かを考える。

分母の31は，1より$31-1=30$大きいから，$\frac{19}{31}$は$1+30\div 2=16$(グループ目)の分数である。

同様にして，分子は19だから，$\frac{19}{31}$は16グループ目の$1+(19-1)\div 2=10$(番目)の分数である。

よって，最初から数えて，$(1+2+3+\cdots+15)+10=\frac{(1+15)\times 15}{2}+10=130$(番目)の分数である。

5　(1)　Aを使うと1分間で$420\div 7=60$(㎤)の水が貯まるから，x分間で$(60\times x)$㎤の水が貯まる。

よって，$y=60\times x$と表せる。

(2)　【解き方】1分間で入れた水の量の比は，満水になるまでにかかった時間の比の逆比に等しいことを利用する。

Bのみを使うと10分で満水になり，AとBを使うと$6\frac{1}{4}$分$=\frac{25}{4}$分で満水になるので，1分間で入れた水の量の比は，$10:\frac{25}{4}=8:5$の逆比の$5:8$となる。よって，AとBの1分間で入れた水の量の比は$(8-5):5=3:5$となるので，Bから出る水の量は，毎分$(60\times\frac{5}{3})$㎤＝毎分100㎤

(3)　【解き方】水槽《すいそう》に入る水の量→Aのみで満水にするまでにかかる時間→AとCから1分間で出る水の量→Cから1分間で出る水の量→求める割合，の順で求める。

(2)より，水槽に入る水の量は$100\times 10=1000$(㎤)だから，Aのみを使うと満水にするまでに$1000\div 60=\frac{50}{3}$(分)かかる。

Aを10分間使ったあと，水槽に入る残りの水の量は，$1000-60\times 10=400$(㎤)

AとCの両方を使うのはAを使い始めてから$10+2=12$(分後)だから，あと$\frac{50}{3}-12=\frac{14}{3}$(分)で400㎤の水を入れる。

よって，AとCから出る水の量は合わせて，毎分$(400\div\frac{14}{3})$㎤＝毎分$\frac{600}{7}$㎤

Cから出る水の量は，毎分$(\frac{600}{7}-60)$㎤＝毎分$\frac{180}{7}$㎤だから，Aから出る水の量の，$\frac{180}{7}\div 60=\frac{3}{7}$(倍)である。

教英出版 2025 10の3 岩田中

■ ご使用にあたってのお願い・ご注意

（1）問題文等の非掲載

著作権上の都合により，問題文や図表などの一部を掲載できない場合があります。

誠に申し訳ございませんが，ご了承くださいますようお願いいたします。

（2）過去問における時事性

過去問題集は，学習指導要領の改訂や社会状況の変化，新たな発見などにより，現在とは異なる表記や解説になっている場合があります。過去問の特性上，出題当時のままで出版していますので，あらかじめご了承ください。

（3）配点

学校等から配点が公表されている場合は，記載しています。公表されていない場合は，記載していません。

独自の予想配点は，出題者の意図と異なる場合があり，お客様が学習するうえで誤った判断をしてしまう恐れがあるため記載していません。

（4）無断複製等の禁止

購入された個人のお客様が，ご家庭でご自身またはご家族の学習のためにコピーをすることは可能ですが，それ以外の目的でコピー，スキャン，転載（ブログ，ＳＮＳなどでの公開を含みます）などをすることは法律により禁止されています。学校や学習塾などで，児童生徒のためにコピーをして使用することも法律により禁止されています。

ご不明な点や，違法な疑いのある行為を確認された場合は，弊社までご連絡ください。

（5）けがに注意

この問題集は針を外して使用します。針を外すときは，けがをしないように注意してください。また，表紙カバーや問題用紙の端で手指を傷つけないように十分注意してください。

（6）正誤

制作には万全を期しておりますが，万が一誤りなどがございましたら，弊社までご連絡ください。

なお，誤りが判明した場合は，弊社ウェブサイトの「ご購入者様のページ」に掲載しておりますので，そちらもご確認ください。

■ お問い合わせ

解答例，解説，印刷，製本など，問題集発行におけるすべての責任は弊社にあります。

ご不明な点がございましたら，弊社ウェブサイトの「お問い合わせ」フォームよりご連絡ください。迅速に対応いたしますが，営業日の都合で回答に数日を要する場合があります。

ご入力いただいたメールアドレス宛に自動返信メールをお送りしています。自動返信メールが届かない場合は，「よくある質問」の「メールの問い合わせに対し返信がありません。」の項目をご確認ください。

また弊社営業日（平日）は，午前９時から午後５時まで，電話でのお問い合わせも受け付けています。

2025 春

株式会社教英出版
〒422-8054　静岡県静岡市駿河区南安倍３丁目 12-28
TEL　054-288-2131　　FAX　054-288-2133
URL　https://kyoei-syuppan.net/
MAIL　siteform@kyoei-syuppan.net

教英出版の中学受験対策

中学受験面接の基本がここに！
知っておくべき面接試問の要領

面接試験に，落ち着いて自信をもってのぞむためには，あらかじめ十分な準備をしておく必要があります。面接の心得や，受験生と保護者それぞれへの試問例など，面接対策に必要な知識を１冊にまとめました。

- 面接の形式や評価のポイント，マナー，当日までの準備など，面接の基本をていねいに指南「面接はこわくない！」
- 書き込み式なので，質問例に対する自分の答えを整理して本番直前まで使える
- ウェブサイトで質問音声による面接のシミュレーションができる

定価：770円（本体700円+税）

入試テクニックシリーズ

必修編

基本をおさえて実力アップ！
1冊で入試の全範囲を学べる！
基礎力養成に最適！

こんな受験生には必修編がおすすめ！

- 入試レベルの問題を解きたい
- 学校の勉強とのちがいを知りたい
- 入試問題を解く基礎力を固めたい

定価：1,100円（本体1,000+税）

発展編

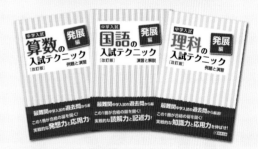

応用力強化で合格をつかむ！
有名私立中の問題で
最適な解き方を学べる！

こんな受験生には発展編がおすすめ！

- もっと難しい問題を解きたい
- 難関中学校をめざしている
- 子どもに難問の解法を教えたい

定価：1,760円（本体1,600+税）

絶賛販売中！

詳しくは教英出版で検索

教英出版　検 索

URL https://kyoei-syuppan.net/

教英出版の親子で取りくむシリーズ

公立中高一貫校とは？適性検査とは？受検を考えはじめた親子のための最初の１冊！

「概要編」では公立中高一貫校の仕組みや適性検査の特徴をわかりやすく説明し，「例題編」では実際の適性検査の中から，よく出題されるパターンの問題を厳選して紹介しています。実際の問題紙面も掲載しているので受検を身近に感じることができます。

- 公立中高一貫校を知ろう！
- 適性検査を知ろう！
- 教科的な問題〈適性検査ってこんな感じ〉
- 実技的な問題〈さらにはこんな問題も！〉
- おさえておきたいキーワード

定価：1,078円（本体980+税）

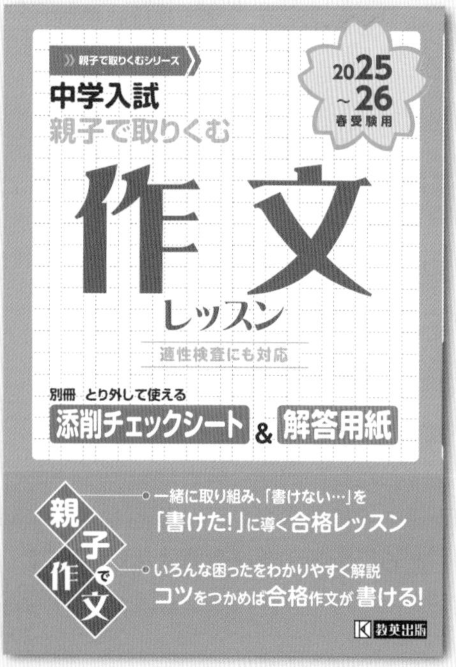

適性検査の作文問題にも対応！「書けない」を「書けた！」に導く合格レッスン

「実力養成レッスン」では，作文の技術や素材の見つけ方，書き方や教え方を対話形式でわかりやすく解説。実際の入試作文をもとに，とり外して使える解答用紙に書き込んでレッスンをします。赤ペンの添削例や，「添削チェックシート」を参考にすれば，お子さんが書いた作文をていねいに添削することができます。

- レッスン１ 作文の基本と，書くための準備
- レッスン２ さまざまなテーマの入試作文
- レッスン３ 長文の内容をふまえて書く入試作文
- 実力だめし！入試作文
- 別冊「添削チェックシート・解答用紙」付き

定価：1,155円（本体1,050+税）

絶賛販売中！

詳しくは教英出版で検索

教英出版　検索

URL https://kyoei-syuppan.net/

教英出版　2025年春受験用　中学入試問題集

学校別問題集

✿はカラー問題対応

北海道

①[市立]札幌開成中等教育学校
②藤女子中学校
③北嶺中学校
④北星学園女子中学校
⑤札幌大谷中学校
⑥札幌光星中学校
⑦立命館慶祥中学校
⑧函館ラ・サール中学校

青森県

①[県立]三本木高等学校附属中学校

岩手県

①[県立]一関第一高等学校附属中学校

宮城県

①[県立]宮城県古川黎明中学校
②[県立]宮城県仙台二華中学校
③[市立]仙台青陵中等教育学校
④東北学院中学校
⑤仙台白百合学園中学校
⑥聖ウルスラ学院英智中学校
⑦宮城学院中学校
⑧秀光中学校
⑨古川学園中学校

秋田県

①[県立]
- 大館国際情報学院中学校
- 秋田南高等学校中等部
- 横手清陵学院中学校

山形県

①[県立]
- 東桜学館中学校
- 致道館中学校

福島県

①[県立]
- 会津学鳳中学校
- ふたば未来学園中学校

茨城県

①[県立]
- 日立第一高等学校附属中学校
- 太田第一高等学校附属中学校
- 水戸第一高等学校附属中学校
- 鉾田第一高等学校附属中学校
- 鹿島高等学校附属中学校
- 土浦第一高等学校附属中学校
- 竜ヶ崎第一高等学校附属中学校
- 下館第一高等学校附属中学校
- 下妻第一高等学校附属中学校
- 水海道第一高等学校附属中学校
- 勝田中等教育学校
- 並木中等教育学校
- 古河中等教育学校

栃木県

①[県立]
- 宇都宮東高等学校附属中学校
- 佐野高等学校附属中学校
- 矢板東高等学校附属中学校

群馬県

①
- [県立]中央中等教育学校
- [市立]四ツ葉学園中等教育学校
- [市立]太田中学校

埼玉県

①[県立]伊奈学園中学校
②[市立]浦和中学校
③[市立]大宮国際中等教育学校
④[市立]川口市立高等学校附属中学校

千葉県

①[県立]
- 千葉中学校
- 東葛飾中学校

②[市立]稲毛国際中等教育学校

東京都

①[国立]筑波大学附属駒場中学校
②[都立]白鷗高等学校附属中学校
③[都立]桜修館中等教育学校
④[都立]小石川中等教育学校
⑤[都立]両国高等学校附属中学校
⑥[都立]立川国際中等教育学校
⑦[都立]武蔵高等学校附属中学校
⑧[都立]大泉高等学校附属中学校
⑨[都立]富士高等学校附属中学校
⑩[都立]三鷹中等教育学校
⑪[都立]南多摩中等教育学校
⑫[区立]九段中等教育学校
⑬開成中学校
⑭麻布中学校
⑮桜蔭中学校
⑯女子学院中学校
✿⑰豊島岡女子学園中学校
⑱東京都市大学等々力中学校
⑲世田谷学園中学校
✿⑳広尾学園中学校(第2回)
✿㉑広尾学園中学校(医進・サイエンス回)
㉒渋谷教育学園渋谷中学校(第1回)
㉓渋谷教育学園渋谷中学校(第2回)
㉔東京農業大学第一高等学校中等部
(2月1日 午後)
㉕東京農業大学第一高等学校中等部
(2月2日 午後)

神奈川県

①［県立］相模原中等教育学校
　　　　平塚中等教育学校
②［市立］南高等学校附属中学校
③［市立］横浜サイエンスフロンティア高等学校附属中学校
④［市立］川崎高等学校附属中学校
✿⑤聖光学院中学校
✿⑥浅野中学校
⑦洗足学園中学校
⑧法政大学第二中学校
⑨逗子開成中学校（1次）
⑩逗子開成中学校（2·3次）
⑪神奈川大学附属中学校（第1回）
⑫神奈川大学附属中学校（第2·3回）
⑬栄光学園中学校
⑭フェリス女学院中学校

新潟県

①［県立］村上中等教育学校
　　　　柏崎翔洋中等教育学校
　　　　燕中等教育学校
　　　　津南中等教育学校
　　　　直江津中等教育学校
　　　　佐渡中等教育学校
②［市立］高志中等教育学校
③新潟第一中学校
④新潟明訓中学校

石川県

①［県立］金沢錦丘中学校
②星稜中学校

福井県

①［県立］高志中学校

山梨県

①山梨英和中学校
②山梨学院中学校
③駿台甲府中学校

長野県

①［県立］屋代高等学校附属中学校
　　　　諏訪清陵高等学校附属中学校
②［市立］長野中学校

岐阜県

①岐阜東中学校
②鶯谷中学校
③岐阜聖徳学園大学附属中学校

静岡県

①［国立］静岡大学教育学部附属中学校
（静岡·島田·浜松）
②［県立］清水南高等学校中等部
　［県立］浜松西高等学校中等部
　［市立］沼津高等学校中等部
③不二聖心女子学院中学校
④日本大学三島中学校
⑤加藤学園暁秀中学校
⑥星陵中学校
⑦東海大学付属静岡翔洋高等学校中等部
⑧静岡サレジオ中学校
⑨静岡英和女学院中学校
⑩静岡雙葉中学校
⑪静岡聖光学院中学校
⑫静岡学園中学校
⑬静岡大成中学校
⑭城南静岡中学校
⑮静岡北中学校
⑯常葉大学附属常葉中学校
　常葉大学附属橘中学校
　常葉大学附属菊川中学校
⑰藤枝明誠中学校
⑱浜松開誠館中学校
⑲静岡県西遠女子学園中学校
⑳浜松日体中学校
㉑浜松学芸中学校

愛知県

①［国立］愛知教育大学附属名古屋中学校
②愛知淑徳中学校
③名古屋経済大学市邨中学校
　名古屋経済大学高蔵中学校
④金城学院中学校
⑤椙山女学園中学校
⑥東海中学校
⑦南山中学校男子部
⑧南山中学校女子部
⑨聖霊中学校
⑩滝中学校
⑪名古屋中学校
⑫大成中学校
⑬愛知中学校
⑭星城中学校
⑮名古屋葵大学中学校
（名古屋女子大学中学校）
⑯愛知工業大学名電中学校
⑰海陽中等教育学校（特別給費生）
⑱海陽中等教育学校（I·II）
⑲中部大学春日丘中学校
新刊⑳名古屋国際中学校

三重県

①［国立］三重大学教育学部附属中学校
②暁中学校
③海星中学校
④四日市メリノール学院中学校
⑤高田中学校
⑥セントヨゼフ女子学園中学校
⑦三重中学校
⑧皇學館中学校
⑨鈴鹿中等教育学校
⑩津田学園中学校

滋賀県

①［国立］滋賀大学教育学部附属中学校
②［県立］河瀬中学校
　　　　守山中学校
　　　　水口東中学校

京都府

①［国立］京都教育大学附属桃山中学校
②［府立］洛北高等学校附属中学校
③［府立］園部高等学校附属中学校
④［府立］福知山高等学校附属中学校
⑤［府立］南陽高等学校附属中学校
⑥［市立］西京高等学校附属中学校
⑦同志社中学校
⑧洛星中学校
⑨洛南高等学校附属中学校
⑩立命館中学校
⑪同志社国際中学校
⑫同志社女子中学校（前期日程）
⑬同志社女子中学校（後期日程）

大阪府

①［国立］大阪教育大学附属天王寺中学校
②［国立］大阪教育大学附属平野中学校
③［国立］大阪教育大学附属池田中学校

④[府立]富田林中学校
⑤[府立]咲くやこの花中学校
⑥[府立]水都国際中学校
⑦清風中学校
⑧高槻中学校（A日程）
⑨高槻中学校（B日程）
⑩明星中学校
⑪大阪女学院中学校
⑫大谷中学校
⑬四天王寺中学校
⑭帝塚山学院中学校
⑮大阪国際中学校
⑯大阪桐蔭中学校
⑰開明中学校
⑱関西大学第一中学校
⑲近畿大学附属中学校
⑳金蘭千里中学校
㉑金光八尾中学校
㉒清風南海中学校
㉓帝塚山学院泉ヶ丘中学校
㉔同志社香里中学校
㉕初芝立命館中学校
㉖関西大学中等部
㉗大阪星光学院中学校

兵庫県

①[国立]神戸大学附属中等教育学校
②[県立]兵庫県立大学附属中学校
③雲雀丘学園中学校
④関西学院中学部
⑤神戸女学院中学部
⑥甲陽学院中学校
⑦甲南中学校
⑧甲南女子中学校
⑨灘中学校
⑩親和中学校
⑪神戸海星女子学院中学校
⑫滝川中学校
⑬啓明学院中学校
⑭三田学園中学校
⑮淳心学院中学校
⑯仁川学院中学校
⑰六甲学院中学校
⑱須磨学園中学校（第1回入試）
⑲須磨学園中学校（第2回入試）
⑳須磨学園中学校（第3回入試）
㉑白陵中学校
㉒夙川中学校

奈良県

①[国立]奈良女子大学附属中等教育学校
②[国立]奈良教育大学附属中学校
③[県立]
　国際中学校
　青翔中学校
④[市立]一条高等学校附属中学校
⑤帝塚山中学校
⑥東大寺学園中学校
⑦奈良学園中学校
⑧西大和学園中学校

和歌山県

①[県立]
　古佐田丘中学校
　向陽中学校
　桐蔭中学校
　日高高等学校附属中学校
　田辺中学校
②智辯学園和歌山中学校
③近畿大学附属和歌山中学校
④開智中学校

岡山県

①[県立]岡山操山中学校
②[県立]倉敷天城中学校
③[県立]岡山大安寺中等教育学校
④[県立]津山中学校
⑤岡山中学校
⑥清心中学校
⑦岡山白陵中学校
⑧金光学園中学校
⑨就実中学校
⑩岡山理科大学附属中学校
⑪山陽学園中学校

広島県

①[国立]広島大学附属中学校
②[国立]広島大学附属福山中学校
③[県立]広島中学校
④[県立]三次中学校
⑤[県立]広島叡智学園中学校
⑥[市立]広島中等教育学校
⑦[市立]福山中学校
⑧広島学院中学校
⑨広島女学院中学校
⑩修道中学校
⑪崇徳中学校
⑫比治山女子中学校
⑬福山暁の星女子中学校
⑭安田女子中学校
⑮広島なぎさ中学校
⑯広島城北中学校
⑰近畿大学附属広島中学校福山校
⑱盈進中学校
⑲如水館中学校
⑳ノートルダム清心中学校
㉑銀河学院中学校
㉒近畿大学附属広島中学校東広島校
㉓AICJ中学校
㉔広島国際学院中学校
㉕広島修道大学ひろしま協創中学校

山口県

①[県立]
　下関中等教育学校
　高森みどり中学校
②野田学園中学校

徳島県

①[県立]
　富岡東中学校
　川島中学校
　城ノ内中等教育学校
②徳島文理中学校

香川県

①大手前丸亀中学校
②香川誠陵中学校

愛媛県

①[県立]
　今治東中等教育学校
　松山西中等教育学校
②愛光中学校
③済美平成中等教育学校
④新田青雲中等教育学校

高知県

①[県立]
　安芸中学校
　高知国際中学校
　中村中学校

福岡県

①[国立] 福岡教育大学附属中学校（福岡·小倉·久留米）
②[県立] 育徳館中学校
門司学園中学校
宗像中学校
嘉穂高等学校附属中学校
輝翔館中等教育学校
③西南学院中学校
④上智福岡中学校
⑤福岡女学院中学校
⑥福岡雙葉中学校
⑦照曜館中学校
⑧筑紫女学園中学校
⑨敬愛中学校
⑩久留米大学附設中学校
⑪飯塚日新館中学校
⑫明治学園中学校
⑬小倉日新館中学校
⑭久留米信愛中学校
⑮中村学園女子中学校
⑯福岡大学附属大濠中学校
⑰筑陽学園中学校
⑱九州国際大学付属中学校
⑲博多女子中学校
⑳東福岡自彊館中学校
㉑八女学院中学校

佐賀県

①[県立] 香楠中学校
致遠館中学校
唐津東中学校
武雄青陵中学校
②弘学館中学校
③東明館中学校
④佐賀清和中学校
⑤成穎中学校
⑥早稲田佐賀中学校

長崎県

①[県立] 長崎東中学校
佐世保北中学校
諫早高等学校附属中学校
②青雲中学校
③長崎南山中学校
④長崎日本大学中学校
⑤海星中学校

熊本県

①[県立] 玉名高等学校附属中学校
宇土中学校
八代中学校
②真和中学校
③九州学院中学校
④ルーテル学院中学校
⑤熊本信愛女学院中学校
⑥熊本マリスト学園中学校
⑦熊本学園大学付属中学校

大分県

①[県立]大分豊府中学校
②岩田中学校

宮崎県

①[県立]五ヶ瀬中等教育学校
②[県立] 宮崎西高等学校附属中学校
都城泉ヶ丘高等学校附属中学校
③宮崎日本大学中学校
④日向学院中学校
⑤宮崎第一中学校

鹿児島県

①[県立]楠隼中学校
②[市立]鹿児島玉龍中学校
③鹿児島修学館中学校
④ラ・サール中学校
⑤志學館中等部

沖縄県

①[県立] 与勝緑が丘中学校
開邦中学校
球陽中学校
名護高等学校附属桜中学校

もっと過去問シリーズ

北海道

北嶺中学校
7年分(算数・理科・社会)

静岡県

静岡大学教育学部附属中学校
(静岡·島田·浜松)
10年分(算数)

愛知県

愛知淑徳中学校
7年分(算数・理科・社会)
東海中学校
7年分(算数・理科・社会)
南山中学校男子部
7年分(算数・理科・社会)
南山中学校女子部
7年分(算数・理科・社会)
滝中学校
7年分(算数・理科・社会)
名古屋中学校
7年分(算数・理科・社会)

岡山県

岡山白陵中学校
7年分(算数・理科)

広島県

広島大学附属中学校
7年分(算数・理科・社会)
広島大学附属福山中学校
7年分(算数・理科・社会)
広島学院中学校
7年分(算数・理科・社会)
広島女学院中学校
7年分(算数・理科・社会)
修道中学校
7年分(算数・理科・社会)
ノートルダム清心中学校
7年分(算数・理科・社会)

愛媛県

愛光中学校
7年分(算数・理科・社会)

福岡県

福岡教育大学附属中学校
(福岡·小倉·久留米)
7年分(算数・理科・社会)
西南学院中学校
7年分(算数・理科・社会)
久留米大学附設中学校
7年分(算数・理科・社会)
福岡大学附属大濠中学校
7年分(算数・理科・社会)

佐賀県

早稲田佐賀中学校
7年分(算数・理科・社会)

長崎県

青雲中学校
7年分(算数・理科・社会)

鹿児島県

ラ·サール中学校
7年分(算数・理科・社会)

※もっと過去問シリーズは国語の収録はありません。

教英出版
〒422-8054
静岡県静岡市駿河区南安倍3丁目12－28
TEL 054-288-2131
FAX 054-288-2133
詳しくは教英出版で検索
教英出版 検索
URL https://kyoei-syuppan.net/

受験番号			

２０２４年度

岩田中学校　入学試験問題

国　語

（６０分・１００点）

※受験上の注意（試験が始まるまでに読んでおいて下さい。）

1．「試験開始」の合図があるまで、この問題冊子を開いてはいけません。

2．解答用紙は、この問題冊子の中にはさみ込んであります。

3．問題用紙と解答用紙に、受験番号を必ず記入して下さい。

4．読みにくい字や図、途中で抜けているページがあった場合は、あわてずに静かに手をあげて、試験監督が来るのを待つこと。

5．「試験終了」の合図があったら、すみやかに解答するのをやめて、試験監督の指示にしたがって下さい。

6．この問題冊子は持ち帰ることはできません。机上においたままにして下さい。

岩田中学校・高等学校

2024(R6) 岩田中
教英出版

一 次の文章を読んで、後の問いに答えなさい。（39点）

ＮＨＫ―ＢＳ２の『ＢＳマンガ夜話《やわ》』という番組に出演しました。『ドラえもん』について一時間語るという番組だったので、こりゃあ、出させてもらうしかないと思ったのです。出演しますと返事を返すと、さっそく『ドラえもん』全45巻《かん》が、ＮＨＫから送られて来ました。

読みましたよ、あたしゃ。全45巻。仕事のａアイマをぬって、黙々《もくもく》と読み切りました。もっとも、「ああ、これ昔読んだな」と覚えているものも多くありました。

で、さすがに45巻ぶっ通して読むと、①のび太に対する怒《いか》りがわいて来て、30巻を過ぎたころには、「のび太、いい加減にせえ！」と心の中で叫《さけ》んでいました。たまに読むと、「のび太も、しょうがないね」で終わるのに、です。

番組は生放送なので、もうオンエアされてしまったのですが、僕《ぼく》が以前書いた「東南アジアでは、『ドラえもん』は圧倒的《あっとうてき》にｂシジされている」という話をしていたら、出演者の※夏目房之介さんが、「そうなんですよ、『ドラえもん』は東アジアでは圧倒的にシジされているんですけれど、欧米《おうべい》ではまったく無視《むし》されてるんですよ」と話されました。

ほおほお、それはどうしてですか、と聞くと、「この前も、知り合いのアメリカ人に『ドラえもん』を読ませたら、『これじゃあ、子供《こども》はだめになってしまう』と言ってました」と答えてくれました。

つまり、②のび太の性格が『ドラえもん』の欧米進出を阻《はば》んでいるわけです。のび太はこんな所でもドラえもんに迷惑《めいわく》をかけています。

と、出演者の※岡田斗司夫さんが、「アジアは、子供に甘《あま》いですからね。のび太が、学習も成長もしないで、ドラえもんに甘えていても、許す文化があるんですよ。でも、欧米は、子供に対するしつけが厳《きび》しいですからね。だから、のび太を受け入れられないんですよ」とつけ加えてくれました。

たしかにそうです。欧米の子供に対するしつけは、時には、犬のｃチョウキョウをしているような厳しさがあります。それは、子供は、わがままでエゴイスティック（＝自分中心）だから、ちゃんと社会化させないといけない、という文化だからでしょう。

外国に住んでいた日本人が帰国して書くエッセーに「列車の中を走り回る子供達と、それを叱《しか》らない日本人の親を嘆《なげ》く」という定番

（＝お決まり）のパターンがあります。

③それにひきかえ、欧米では、親は激《はげ》しく子供を叱《しか》る。日本人は子供に甘い「子供の国」であり、欧米は「大人の国」である、てなまとめ方をして、たいてい、エッセーは終わります。

でもそれは、日本だけじゃなくて、東アジアはそうなんだと、『ドラえもん』の受けとられ方が証明しているわけです。夏目さんは、「だから僕は、ドラえもんは※地蔵菩薩《じぞうぼさつ》だと思ってるんですよ。なんでも受け入れてくれる存在《そんざい》」と、話されていました。欧米の厳しいしつけは、間違《まちが》いなく、キリスト教文化と関係があります。契約《けいやく》によって成立する厳しい一神教の世界です。で、アジアの仏教的世界観では…という風に、この話は掘《ほ》り下《さ》げていくと、間違いなく本何冊分かになるので、ここでは深入りしません。

はっきりしているのは、だから④欧米人は自立していて、日本人は甘え続けているんだ、という定番の“物語”は、成立しないということです。

と言って、『ドラえもん』に詳《くわ》しい人にはdジョウシキですが、長編の『ドラえもん』では、のび太は成長します。苦難《くなん》を前にして、反省し、成長するのです。短編では、たまに反省はしますが、成長はしません。また同じことの繰《く》り返《かえ》しなのです。

面白《おもしろ》い相似形《そうじけい》（＝似たようなパターン）は、短編ではジャイアンはひどいいじめっ子ですが、長編では、けっこういい奴《やつ》なのです。で、反省するのび太を見ると少し安心するのですが、同時に、「そうかなあ、これは『ドラえもん』かなあ」というかすかな疑問もわくのです。長編の成長するのび太を見ると、「ああ、『ドラえもん』が終わっていく」という寂寥感《せきりょうかん》（＝さびしさ）さえ感じるのです。

出演者の※いしかわじゅんさんが、『ドラえもん』はユートピア（＝理想郷）です。時間が止まっていて、同じことが繰《く》り返《かえ》される。原っぱが都会の中にあって、土管が転がっていて、登場人物達は年を取らない。これは、ユートピアの特徴《とくちょう》です」とおっしゃいました。

じつは、のび太の生年月日ははっきりしています。2巻で※「昭和39年8月7日」と自分で言っています。しかし、藤子・F・不二雄さんは、亡《な》くなられる時まで、25年間、のび太を成長させませんでした。時間が止まったユートピアを描《えが》き続けたのです。

のび太の世界は、完全にユートピアであり、※モラトリアムです。それを責めることは簡単《かんたん》です。僕だって通して読むと、⑤そういう気になりました。

が、欧米の「だめだった主人公が、いろんなシレンを経て、たくましく成長していく」というパターンに対して、「なんでもかんでも、成長すればいいってもんじゃねえだろ」と突《つ》っ込《こ》むことも、大切なんじゃないかと思ってしまうのです。

（『世間ってなんだ』　鴻上尚史　）

※夏目房之介さん…漫画家《まんがか》。エッセイスト。マンガについての文章が多い。
※岡田斗司夫さん…アニメプロデューサー。評論家。
※地蔵菩薩…いわゆる「おじぞうさん」。日本では子供の守り神として信仰《しんこう》されていた。
※いしかわじゅんさん…漫画家。小説家。
※昭和39年8月7日…西暦では一九六四年となるので、のび太は現在59歳。
※モラトリアム…ここでは「成長や自立することを求められない（待ってもらえる）期間」のこと。

問一　〰〰部a～eのカタカナを漢字に直しなさい。

問二　傍線部《ぼうせんぶ》①について、このA「(全巻)ぶっ通しで読んだ時の感想」とB「たまに読んだ時の感想」が違《ちが》うのはどうしてだと考えられるか。「Aは～(だ)が、Bは～(だ)から」の形で答えなさい。

問三　傍線部②について、このように言える理由を、次に挙げた言葉を使って説明しなさい。

「甘い」　「親」　「教育」

［注意1］使う順番は問わない。また、字数は制限しないが、解答らんの一行におさめること。
［注意2］「甘い」は、「甘える」「甘さ」のように変化させて使っても良い。

問四　傍線部③「それ」・⑤「そういう気」の指示する内容をそれぞれ説明しなさい。

問五　傍線部④の中で、筆者はどの言葉に対して最も疑問（＝違うのでは？）あるいは違和感《いわかん》（＝現実に合わないのでは？）を持っているか。次の中から一つ選び、記号で答えなさい。

ア　欧米人　　イ　自立してい(る)　　ウ　日本人　　エ　甘え続けている

問六　本文中での筆者の意見や考えとして適当なものを次の中から二つ選び、記号で答えなさい。

ア　子供の「未来の成長を求める」だけでなく「今の姿を受け入れる」事にも意味があるのではないか。
イ　日本の子供も、欧米の子供と同じように叱《しか》られることで成長するはずである。
ウ　日本人は、子供をかわいがりすぎて結局その成長を遅《おく》らせている事に気付くべきだ。
エ　短編（マンガ）の中では、必ずしものび太の反省が描《えが》かれるわけではないのだ。
オ　長編（映画）では、観客と寂《さび》しさを共有することでのび太は成長していく。
カ　「子供は必ず成長しなければ」と決めつけられるのは、子供達《たち》には負担《ふたん》でしかない。

問七　本文の内容をふまえて、『ドラえもん』の短編（マンガあるいはテレビ放送）と長編（映画）の違いを「物語」と「のび太」の２つの視点で説明したい。「　」部にあてはまる言葉を考えて入れなさい。

違い１　短編は「　　　　物語」だが、長編は「　　　　物語」である。
違い２　短編は「　　　　のび太」を、長編は「　　　　のび太」を描いている。

［注意１］解答の字数は指定しませんが、「　」内に一行で入る長さで答えて下さい。
［注意２］ここでは、ドラえもんが四次元ポケットから取り出す物は、すべて「ひみつ道具」と呼ぶことにします。
※参考として最近の短編（テレビ放送）・長編（劇場版映画）のタイトルを載《の》せます。それぞれの特徴を考える材料として下さい。

【短編（テレビ放送）のタイトル】	【長編（映画）のタイトル】
「タランポリン」（2023/7/1）	のび太の宝島　（2018）
「のび太のエビフライ」（2023/7/1）	のび太の月面探査記　（2019）
「ホームメイロ」（2023/7/8）	のび太の新恐竜　（2020）
「なんでもアイス棒」（2023/7/8）	のび太の宇宙小戦争《リトルスターウォーズ》2021　（2022）
「虫ぐんぐん」（2023/7/15）	のび太と空の理想郷《ユートピア》　（2023）
「水たまりのピラルク」（2023/7/15）	のび太の地球交響楽《シンフォニー》　（2024予定）

二　次の文章は、ささきあり『天地ダイアリー』の一節です。読んで、後の問いに答えなさい。（39点）

【登場人物】

☆ぼく（木下広葉《きのしたひろは》）［男性］
小学校卒業のタイミングで父の転勤があり、引《ひ》っ越《こ》し先の中学校に入学する。
小5の頃《ころ》から外出する時にはマスクが手放せず（アレルギーなどの健康上の理由ではない）、積極的に友達を作るのは苦手。
中学校には誰《だれ》も知り合いはいなかったが、クラスや委員会（栽培《さいばい》委員会）の活動の中で徐々《じょじょ》に話し相手が増えていく。

☆早川先生（早川勇気）［男性］
教師になって三年目の「ぼく」のクラス担任。優《やさ》しく真面目《まじめ》な性格で体型も細いことから、「ぼく」は心の中で「ヨワキー」と勝手に呼んでいる。
校内の花壇《かだん》や畑の世話をする「栽培委員会」の顧問《こもん》でもある。

☆菊池さん［女性］
入学後、「ぼく」に最初に話しかけてくれたクラスメイト。陸上部員だが、「ぼく」と一緒《いっしょ》に栽培委員会にも所属し、どちらの活動にも積極的に参加している。

☆阪田［男性］
「ぼく」のクラスメイトで栽培委員会のメンバーでもある。菊池さんとは幼なじみ。

☆ほんわかせんぱい［女性］・ふとまゆセンパイ［男性］・川口センパイ［女性］
「ぼく」は以前から周りの人に（勝手に）あだ名を付ける癖《くせ》があり、栽培委員会のメンバーの先輩《せんぱい》にも、その外見や印象から（こっそり）あだ名を付けている。
ただし自分の中でそう呼んでいるだけで、先輩達への親しみや尊敬の気持ちは持っている。

☆工藤［男性］
クラスメイト。もともと「ぼく」とは趣味《しゅみ》（アニメ・マンガ）の話が合う数少ない友人の一人だった。
運動会の前日、花壇に傘《かさ》を投げ入れてしまい、それを見とがめた「ぼく」と言い争いになってから、お互《たが》いの間に「壁《かべ》」を感じる気まずい関係になっている。

明日は運動会という日の午後、雨が次第に強くなり、いったん帰宅した「ぼく」は、花壇の花が心配になり、家にあったブルーシートとガムテープを持って、一人学校に戻ってくる。

正門の花壇《かだん》は、予想以上に浸水《しんすい》していた。下のほうの葉がすべて、水につかっている。ブルーシートで花壇に屋根をつくるつもりだったけど、ここまでつかっていたら手遅《ておく》れだろう。だいたい、ブルーシートで花壇をおおうのが、花にとっていいのかどうかもわからない。ぼくは花壇の前に、立ちつくした。

激しい雨に打たれて、花や葉がふるえている。いまにもダウンしそうだ。もしも花が話せたら、何て言うだろう。

やだよ、こんなところで終わりたくない——か？

※ふと、菊池さんの言葉が、頭をよぎった。

『気がついていたなら、できることがあったはず……』

ぼくは傘《かさ》を閉じて足元に置くと、花壇を囲うコンクリートの縁《ふち》に立った。ブルーシートを広げて、正門の塀《へい》の上からななめにかけようとしたが、うまく届かない。

「ちっ」

ぼくは正門の塀《へい》に手をかけて、よじのぼろうとした。だが、壁面《へきめん》タイルに足がすべってのぼれない。くり返すうち、ぬれたマスクが顔に張りついて苦しくなった。

「くそっ」

ぼくはマスクを引っぺがして、ポケットにねじこんだ。

「木下さん？」

呼ばれてふり返ると、ジャージ姿の菊池さんとほんわかせんぱいが、傘をさして立っていた。

「なるほど。花壇にシートをかけて、雨を防ぐのね？」

「なんでいるの？」

ぼくが聞くと、ほんわかせんぱいは、ちらっと菊池さんの顔を見た。

「陸上部は運動会の点数表係だから、図書室で準備と打ち合わせをしてたの。そしたら、正門にだれかがいるのが見えて、ね？」

菊池さんがうなずく。

「ひとりじゃ、無理だよ」

「わたし、早川先生を呼んでくる。ほかにも、手伝ってくれそうな人に声をかけるね」

A え、いや、ひとりでやるからいいです、とぼくが言う前に、ほんわかせんぱいは、かけだしていた。

菊池さんが、ぼくの手にあるブルーシートを見る。

「塀《へい》の上にかけても、とめられないんじゃない？」

「ガムテープを持ってきたんだけど、無理かな？」

「塀がこれだけぬれてたら無理じゃないかな」

菊池さんが傘を閉じて、足元に置いた。
「とりあえず、水をくみ出そう」
菊池さんがすたすたと歩きだす。ぼくもあとに続いて、手洗い場に向かった。バケツを持って正門に戻《もど》り、右側の花壇の水をくみ始める。菊池さんは左側の花壇の水をくみ始めた。
前髪《まえがみ》から落ちるしずくと、顔を打つ雨がうっとうしい。ぼくはジャージの袖《そで》で何度も顔をぬぐいながら、水をくんで側溝《そっこう》に流した。
だが、くみ出してもくみ出しても、水は減らない。側溝の水はうねるように流れ、いまにもあふれだしそうだ。
くそー、きりがない。
ぼくは、なにもできない自分にいらだった。
「おーい」
ふとまゆセンパイが早川先生の傘に入って、歩いてくる。
早川先生は片手にブルーシートを持って、ふとまゆセンパイがぬれないように傘をかたむけていた。花壇を見て、うーむと、ふとまゆセンパイがうなる。
「ひたってるねえ」
「なにのんきなこと、言ってるの」
ほんわかせんぱいが、数人引き連れてやってきた。川口センパイに阪田。その後ろから来たのは――。
工藤？なんで？
胸のあたりが、ぎりっときしむ。
阪田がやれやれと、笑った。
「おまえら、ムダなことしてんなあ」
ぼくはむっとした。思わず声のボリュームが上がる。
「っせえな。ムダでもやらないより、やると決めたんだ！」
①言ってすぐ、はっとした。口元に手をやり、マスクをはずしたことを思いだす。
あー、また勢いで言ってしまった。
勢いで言うのはこりたのに、くり返している自分が嫌《いや》になる。阪田の視線を避《さ》けようと目をそらしたら、工藤と目が合った。
「あ、おれ、昇降口《しょうこうぐち》で阪田に会って……」
工藤が遠慮《えんりょ》がちに、ぼくの顔をのぞきこんだ。不安そうな表情だ。
阪田が口をはさんだ。
「工藤が『木下、おこってた？』って聞いてきてさ。おれが知るか、自分で聞けよ、ってことで連れてきた」
「え？」
もしかして、ぼくは思いちがいをしていたのか？ぼくは工藤に切り捨てられたと思っていたけど、工藤もぼくに［　　　］と思っていたとか？

「ごめん……」
工藤がつぶやいた。そして、みんなを見て頭を下げた。
「傘で花を傷つけてしまいました。すみません」
みんなが「えっ、そうなの?」という表情になる。ぼくはあわてて手をふった。
「あ、いや。工藤はわざとじゃなくて、手から傘がすっぽ抜けただけなんだ。なのに、ぼくが腹を立てちゃって……。ぼくこそ、ごめん」
②工藤が意外そうな顔をして、ぼくを見た。ぼくはどこを見ていいかわからなくて、視線を泳がせた。
「えーと、あの、シートをかけるの、手伝ってくれる?」
ぼくが言うと、工藤は神妙《しんみょう》な面《おも》もちで聞いてきた。
「いいの?」
「うん、助かる」
ふっと、工藤が③ほおをゆるめた。細い目がさらに細くなる。
ふとまゆセンパイが、ガッと工藤の肩《かた》を抱《だ》きしめた。早川先生は工藤とぼくを見て、大きくうなずいた。
「やるか」
阪田が傘を閉じて足元に置き、みんなも同じように傘を閉じる。
ふとまゆセンパイは、ジャージの袖《そで》をたくしあげた。
「やろう」
ほんわかせんぱいはほんわかながら、雨音に負けない声を出した。
「まず、シートを持って屋根をつくります。その間にたまっている水をくみ出しましょう。だいたいくみ出せたら、花が出るようにシートを切って、花壇の土を覆《おお》うように置いてください」
なるほど、そういう方法があったかと思っていると、
「りょーかい!」
川口センパイが元気よく返事した。
「ブルーシート、もう一枚持ってきましたよ」
早川先生が差しだしたシートを、川口センパイとほんわかせんぱいが受けとり、左側の花壇の上に広げた。その下で、菊池さんとふとまゆセンパイが、バケツや手で水をすくい始める。
右側の花壇の上には、早川先生と阪田がシートを広げ、すぐに工藤が手で水をすくい始めた。
「木下、ぼやっとすんな」
阪田の声に、はっとした。あわてて水のくみ出しにくわわる。
さっきとはちがい、みるみるうちに水が減っていく。ブルーシートの屋根と、手際《てぎわ》のよさのおかげか。
「よーし、シートを下ろすぞ」
阪田と早川先生がシートを、花のぎりぎりのところまで下ろした。
ぼくと工藤がカッターで、ちょうど花があるあたりに十字を切って

いく。シートをかぶせながら、十字から花が出るようにして花壇全体をシートで覆《おお》った。

それから、花壇の外にシートのはしをたらして、たまった水が流れ落ちるように工夫《くふう》した。

どんどん空の闇《やみ》が濃《こ》くなっていく。風に飛ばされないようシートに石やレンガをのせたころには、すっかり夜になっていた。

「できたー」

菊池さんが立ちあがって、川口センパイたちとハイタッチした。

早川先生は、みんなに言った。

「保健室でタオルを借りますから、体を拭《ふ》いて制服に着がえて下さい」

「はーい」

ほんわかせんぱいたちがぞろぞろと、明かりに向かっていく。校舎の上に設置された照明から、白い光が正門に向かって伸《の》びていた。

菊池さんがぼくを見た。

「これで、枯《か》れるのを防げるといいね」

ぬれた髪《かみ》の毛《け》が、おでこやほおにぴったりくっついている。

そんな菊池さんを見て、ぼくは急に申し訳ない気持ちになった。

こんなことムダかもしれないのに、みんなを巻きこんでしまった。

「ごめん……」ぼくはぼそっと、つぶやいた。

続けて、みんなの背中に向かってさけんだ。

B「勝手にこんなことして、みんなを巻きこんで、ごめんなさい!」

みんながふり返る前に、ぼくは※踵《きびす》を返してかけだした。

またやってしまった。空回りしてしまった。雨のなかで園芸作業なんて、④青春ごっこかよ。みんなをずぶぬれにさせるほど、意味のある作業だったのかよ。明日は運動会なのに、だれかが風邪《かぜ》でもひいたら、どうすんだよ。

これで花が枯《か》れたら、どう責任とるんだよ!

歩道を走るぼくの横を、ザザーッ、ザザーッと波のような音をたてて車が通りすぎていく。赤信号に立ち止まると、雨音に交じってさけび声が聞こえた。

「木下さーん!」

菊池さんが、畳《たた》んだ傘をふってかけてくる。ぼくのそばまで来ると、ハァハァ息を切らして、傘を差しだした。

「忘れもの」

交差点に入ってくる車のライトが、菊池さんの顔をひっきりなしに照らしだす。

ぼくが傘を受けとると、菊池さんは口をとがらせた。

「なんであやまったりするの?わたしたちが勝手に手伝ったんだし、楽しんでたんだよ」

「え?」
「⑤だいたい園芸に正解なんてあるの?本によってもちがうし、失敗したら、それを次に生かせばいいんだよ。早川先生も言ってたでしょ?」
菊池さんが手でおでこをぬぐい、ぬれた横髪《がみ》を耳にかける。
※「ペチュニアとペンタスには悪いけど、もうしばらく、わたしたちの手探《てさぐ》り園芸につき合ってもらう。あの子たち、わたしたちのところに来たのもなにかの縁《えん》だと思ってくれるよ、きっと」
ぼくはぷっと、ふきだした。
「都合のいい解釈《かいしゃく》だなあ」
菊池さんも、ふふっと笑った。
「最初は枯《か》らしちゃいけないって責任を感じていたけど、わたしは当たって砕《くだ》けるしかできないから、何でも経験だって思うことにしたの」
なんという前向き思考。すごいな、菊池さんって。
信号が青になり、菊池さんが手をあげた。
「じゃあね」
「あっ傘、ありがと」
傘を持ちあげると、菊池さんの表情がふわっと、やわらかくなった。
「木下さん、顔出しているほうがいいね。なんか安心する」
ドキッと、胸が跳《は》ねあがった。
そうだ、⑥マスクをはずしたままだった。
鼓動《こどう》がさざ波のように全身に伝わっていく。
学校に戻《もど》る菊池さんの後ろ姿を見ていたら、信号が点滅《てんめつ》しだした。
「やばっ」
ぼくはふわふわした足取りで、横断歩道をかけ抜《ぬ》けた。

※菊池さんの言葉 … 以前、クラスのある生徒が人間関係の悩みで学校に来られなくなった時に、菊池さんが「ぼく」に言った言葉。
菊池さんは状況を知りながら結局何もしなかった自分自身に悔いを感じ、「気がついていたなら、できることがあったはずだよね」と「ぼく」に話したことがある。

※踵《きびす》を返して … 「踵《きびす》」は「かかと」のこと。後戻りする。引き返す。

※ペチュニアとペンタス … 南半球原産の植物で、湿気には弱い。花が美しく、今年から栽培委員会が学校の花壇で育てている。

問一　傍線部《ぼうせんぶ》①について、この場面での「マスク」は、「ぼく」にとってどういう役割を持っていたと考えられるか。
「ぼく」にとってマスクは〔　　　　　　　　〕役割を持っている　の形で、二十五字以内で説明しなさい。

問二　［　　］部にあてはまる言葉を、次の中から一つ選び、記号で答えなさい。
ア　誤解されている　イ　謝《あやま》るのは相手のほう　ウ　二度と会いたくない　エ　許してもらえない　オ　もう気にしてない

問三　傍線部②について、ここでの（1）工藤の気持ち　（2）ぼくの気持ち　として適当なものを、次の中から一つずつ記号で選びなさい。
ア　自分の計画が予想以上にうまくいったことを喜び、今後の展開にもさらに期待が高まっている。
イ　相手との関係が改善されることはうれしいが、直接お互《たが》いの気持ちを伝え合うのには少しためらいがある。
ウ　今まで隠《かく》されていた事実が明らかになり、自分の立場がさらに悪くなったことに困り果てている。
エ　自分ができることはすべてやったので、後は相手の気持ち次第《しだい》だと突《つ》き放《はな》した気持ちになっている。
オ　お互いの性格はわかっているのに、結局はどちらも望まない結果になってしまった運命を呪《のろ》っている。
カ　自分のことを悪く思っていても仕方ないのに、意外にも自分をかばうような相手の発言に驚《おどろ》いている。

問四　傍線部③・④の語の、本文中での意味としてもっとも適当なものを一つ選び、記号で答えなさい。
③「ほおをゆるめ(る)」　ア　全《すべ》ての表情が消える　イ　顔全体に力が入る　ウ　少し笑顔《えがお》になる　エ　何かに気付いた顔になる
④「青春ごっこ」　ア　無茶《むちゃ》を承知でやろうとする事に喜びを感じる　イ　昔熱中した事の面白《おもしろ》さに改めて気付く
ウ　現実にはありえない仮想の世界を楽しむ　エ　若い仲間に囲まれ、積極的に体を動かす

問五　══部A・Bについて、「ぼく」がこのような言葉を言った（言おうとした）背景には、今まで（小学校まで）の経験が影響《えいきょう》していると思われる。A・Bをまとめて「ぼく」はどういうことを「気にして（心配して）」いるのか。
『「ぼく」は～を気にしている（心配している）。』の形で、四十字以内で説明しなさい。

問六　傍線部⑤について、この菊池さんの言葉は、「ぼく」にとっては植物（園芸）についてだけでなく、人間関係についての良いアドバイスにもなっている。それはどういう内容か。次の中から適当なものを二つ選び、記号で答えなさい。

ア　自分を高める努力をすれば、良い関係は自然に作れる。
イ　失敗しそうなことには初めから手を出さないのも大事である。
ウ　相手の気持ちや考えを決めつけてしまうのは良くない。
エ　自分の失敗の責任は自分が取る覚悟《かくご》でのぞむべきである。
オ　自分から動いて得た経験こそが、最も確かな判断材料になる。
カ　運命は決まっており、自分の力で変えられるものではない。

問七　傍線部⑥について、ここで「ぼく」が「マスクをはずして良かった」と思えることを二つ、それぞれ二十字以内で答えなさい。

三　次の新聞記事を読んで、後の問いに答えなさい。（22点）
なお、1～8は（記事本文の）形式段落を表します。また、個人の名前は記号表記にしています。

運動会　暑さ対策重視（大分合同新聞　令和五年　九月十四日　掲載）

問一　～～～部a～eの漢字の読みをひらがなで答えなさい。

問二　「荻小学校」が熱中症対策として行っていること（行う予定があることも含む）を三つ、箇《か》条《じょう》書《が》きで答えなさい。

問三　「豊後高田市」に関する記事（7段落）は、どういうことを伝えるための記事か。三十字以内で答えなさい。

問四　傍線部①「ピーク」・②「ちゅうちょなく」を別の言葉で言《い》い換《か》えなさい。

2024(R6) 岩田中
K 教英出版

受験番号			

２０２４年度

岩田中学校 入学試験問題

算 数

（６０分・１００点）

※受験上の注意（試験が始まるまでに読んでおいて下さい。）

１．「試験開始」の合図があるまで、この問題冊子を開いてはいけません。

２．解答用紙は、この問題冊子の中にはさみ込んであります。

３．問題用紙と解答用紙に、受験番号を必ず記入して下さい。

４．読みにくい字や図、途中で抜けているページがあった場合は、あわてずに静かに手をあげて、試験監督が来るのを待つこと。

５．「試験終了」の合図があったら、すみやかに解答するのをやめて、試験監督の指示にしたがって下さい。

６．この問題冊子は持ち帰ることはできません。机上においたままにして下さい。

岩田中学校・高等学校

1　次の□にあてはまる数を求めなさい。ただし，（5）は，３つの数の大中小の関係を不等号を使って表した式であり，□に入る数は整数です。　（２０点）

（1）　$22-78\div(8\times 3-18)=\square$

（2）　$4.8\div\left\{\frac{4}{5}-(2-1.4)\times\frac{1}{3}\right\}-6.1=\square$

（3）　$(\square+3.5)\times\frac{5}{6}\div 7-0.25=1$

（4）　$9\times 6\div 12=48\div 32\times\square$

（5）　$\frac{4}{5}<\frac{36}{2\times\square+1}<\frac{6}{7}$

2　次の各問いに答えなさい。（２４点）

（1）　８％の食塩水２００ｇと１０％の食塩水１４０ｇと５０ｇの水を加えてできた食塩水は，何％の食塩水ですか。小数第２位を四捨五入し，小数第１位までの数で答えなさい。

（2）　整数Ａは３で割っても４で割っても５で割っても６で割っても１余る。また，この整数Ａは７で割るとちょうど割り切れる。考えられる整数Ａの中でもっとも小さい整数Ａを求めなさい。

（3）　２０点満点の小テストを実施《じっし》した結果，男子１５人の平均点は１３．２点で，女子１２人の平均点は男子と女子を合わせた２７人の平均点よりもちょうど１点高かった。女子の平均点を求めなさい。

（4） 下の【図1】は立方体で，【図2】はその立方体の展開図です。【図1】の立方体において，3点Ａ，Ｃ，Ｆを通る平面でこの立方体を切ったときの切り口の線を，解答用紙の展開図の中にかき入れなさい。

【図1】

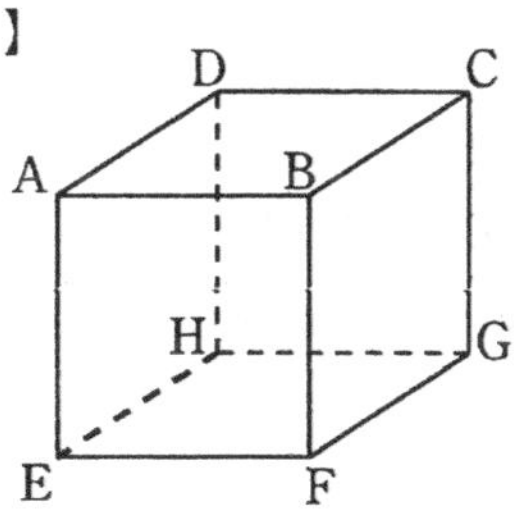

【図2】

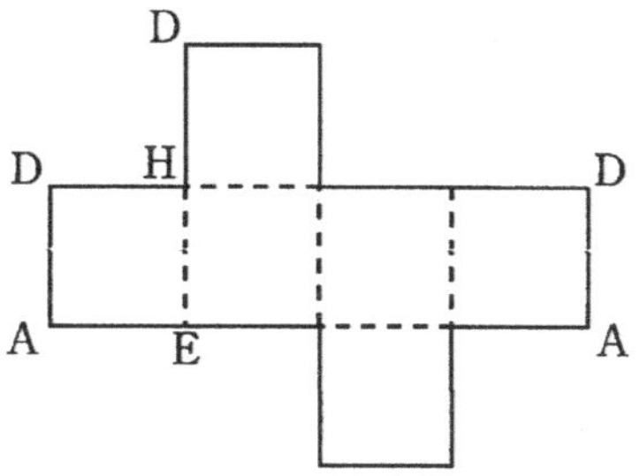

（5） 下の図において，同じ印のついている角の大きさは等しいものとします。角㋐の大きさを求めなさい。

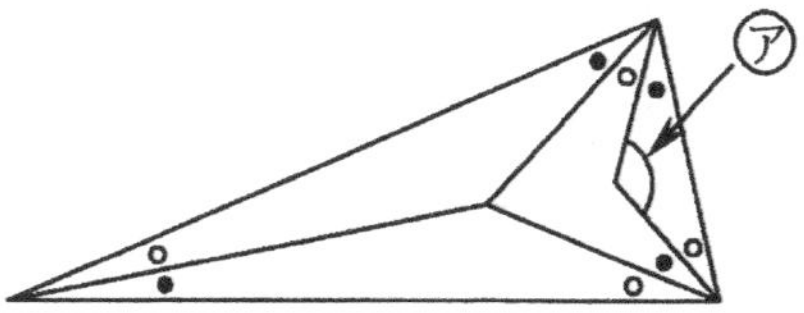

（6） 下の図のように，直角三角形ABCの辺AB上の点Ｄから辺BCに垂直な直線をひき，辺BCと交わった点をＥとします。ADの長さとDEの長さが等しいとき，BDの長さを求めなさい。ただし，BD : DE ＝ BC : CAです。

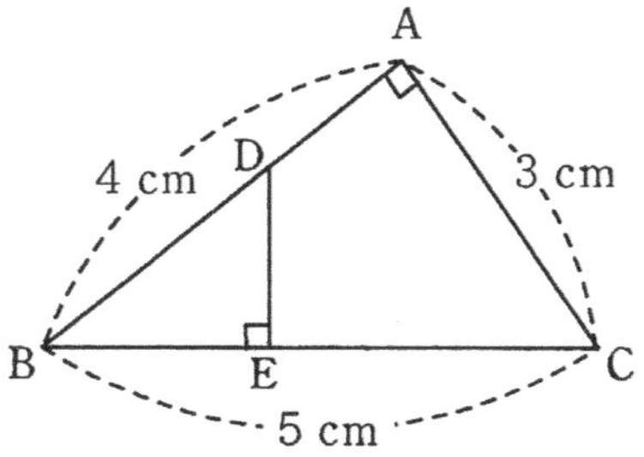

3　下の【図1】は大きい直方体から小さい直方体を切り取った立体で，【図2】は立方体，【図3】は三角柱です。次の各問いに答えなさい。（18点）

（1）　【図1】の立体の体積と【図2】の立方体の体積が等しいとします。

①　【図1】の立体の体積を求めなさい。

②　【図2】の立方体の1辺の長さを求めなさい。

（2）　【図2】の立方体の1辺の長さを 10 cm とします。【図2】の立方体の表面積と【図3】の三角柱の表面積が等しいとき，【図3】の㋐にあてはまる数を求めなさい。

【図1】

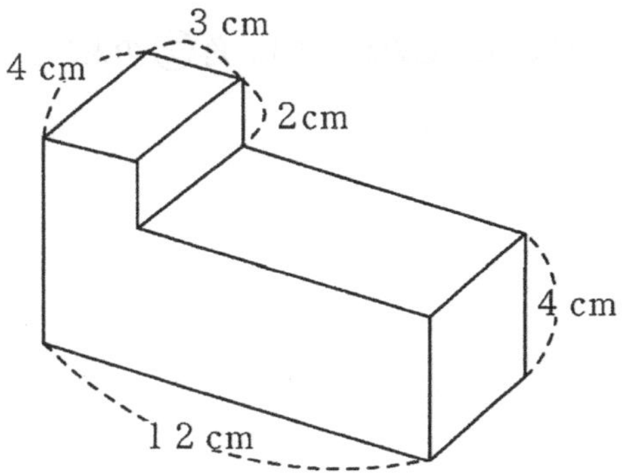

【図2】

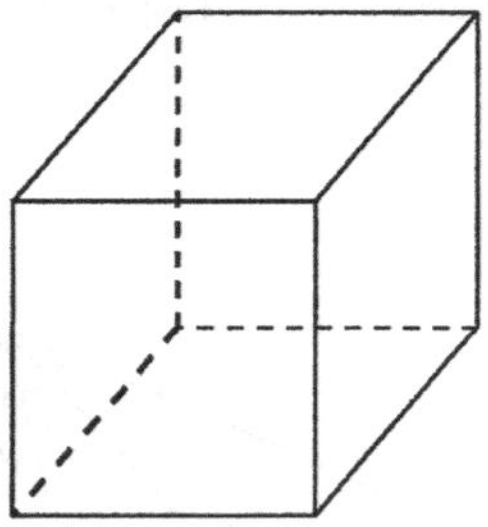

【図3】

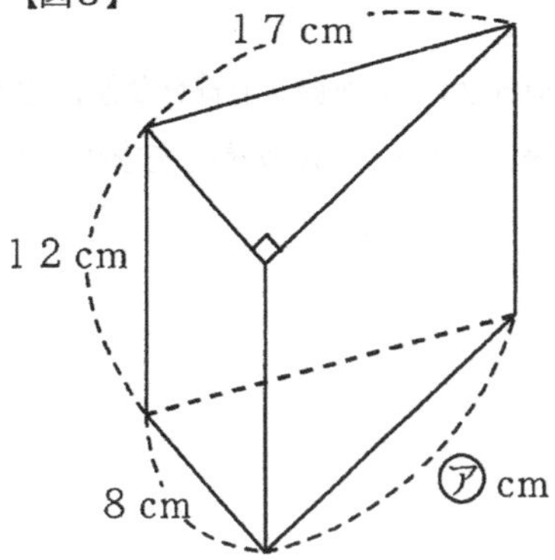

4　次の図のように，文房《ぼう》具店と学校の間にＡさんの家があります。ある日，Ａさんは文房《ぼう》具店で買い物をしてから学校に行くことにしました。分速６０ｍの速さで家を出発したＡさんは文房《ぼう》具店で２分間の買い物をし，その後すぐ分速７０ｍの速さで学校に向かいました。家の前を通り過ぎたある地点で忘れ物に気づいて，すぐに分速８０ｍの速さで家にもどりました。その２分後には分速７０ｍの速さで学校に向かい，そのまま学校に到着しました。下のグラフは，Ａさんが家を出てからの時間と道のりの関係を表したものです。あとの各問いに答えなさい。　（２０点）

（1）　グラフの縦軸《じく》と横軸《じく》にある（ア），（イ），（ウ）にあてはまる数を求めなさい。

（2）　忘れ物に気づいた地点と家との間の道のりを求めなさい。

（3）　別の日，家から学校まで自転車で行くことにしました。７分以内で学校に到着するためには，時速何 km 以上の速さにすればよいですか。

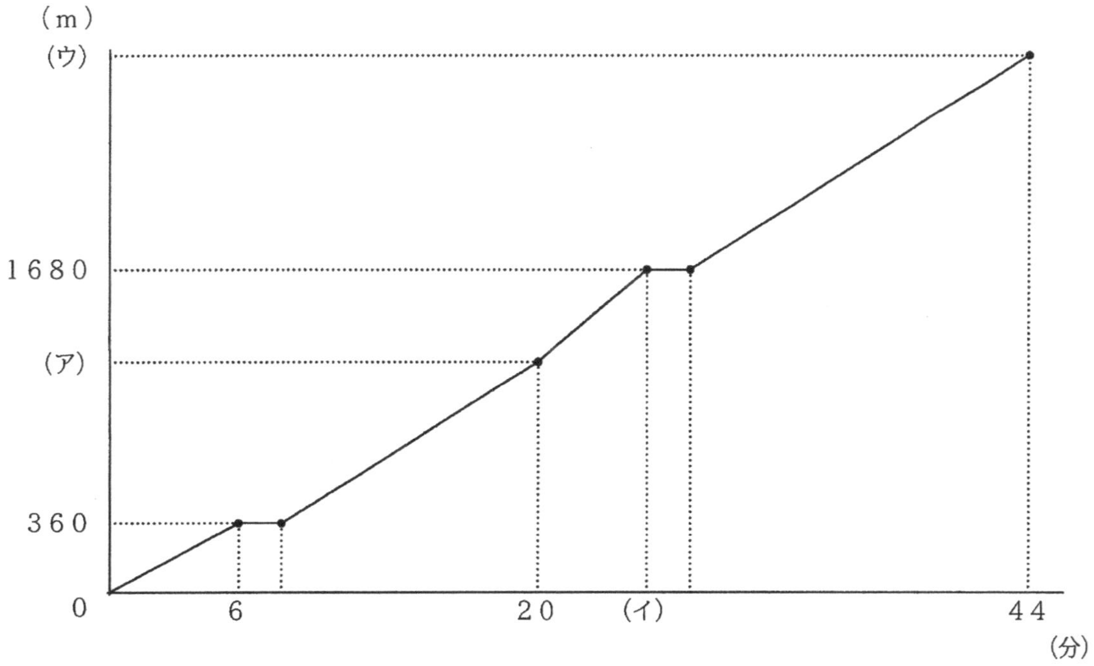

5　次の各問いに答えなさい。（18点）

（1）　Aの商品とBの商品があります。Aの商品の個数の$\frac{3}{8}$とBの商品の個数の$\frac{3}{5}$を合わせた個数は，Aの商品の個数の$\frac{5}{8}$とBの商品の個数の$\frac{2}{5}$を合わせた個数と同じです。Aの商品の個数とBの商品の個数の比を，もっとも簡単な整数の比で答えなさい。

（2）　Aの商品とBの商品が合わせて1000個あります。Aの商品は8個を1セット，Bの商品は5個を1セットとして，ちょうど1000個の商品を余すことなく分けることを考えます。

①　Aの商品のセット数とBの商品のセット数として考えられる分け方は何通りありますか。ただし，A，Bのセット数はどちらも少なくとも1セットはあるものとします。

②　①のうち，Aの商品のセット数とBの商品のセット数の差がいちばん小さい場合のAの商品のセット数とBの商品のセット数を答えなさい。

2024(R6) 岩田中
K 教英出版

受験番号			

２０２４年度

岩田中学校 入学試験問題

理 科

（４０分・５０点）

※受験上の注意（試験が始まるまでに読んでおいて下さい。）

1．「試験開始」の合図があるまで、この問題冊子を開いてはいけません。

2．解答用紙は、この問題冊子の中にはさみ込んであります。

3．問題用紙と解答用紙に、受験番号を必ず記入して下さい。

4．読みにくい字や図、途中で抜けているページがあった場合は、あわてずに静かに手をあげて、試験監督が来るのを待つこと。

5．「試験終了」の合図があったら、すみやかに解答するのをやめて、試験監督の指示にしたがって下さい。

6．この問題冊子は持ち帰ることはできません。机上においたままにして下さい。

岩田中学校・高等学校

1 次の各問いに答えなさい。（１２点）

(1) 次の図のメダカはオス，メスのどちらですか。また，オスとメスを区別するときに着目したからだの部分を，解答用紙の図の中に○印を**２カ所**つけなさい。

(2) メダカの飼い方について正しいものを１つ選び，記号で答えなさい。

ア．卵を産みやすくするため，メダカは水そうに入れられるだけたくさん入れる。
イ．水そうは，ちょくしゃ日光の当たる明るい場所に置く。
ウ．水そうには 10℃～15℃くらいのくみ置きをした水を入れ，水草を入れる。
エ．水草に卵があることが確認されたら，親とは別の水そうに移して育てる。
オ．ペットショップで買ってきたメダカが増えすぎた場合は川や池に放し，自然に返す。

(3) 次の文の空らんに当てはまる語句を答え，後の問いに答えなさい。

メスが産んだ卵にオスが出した（　a　）が結びつくと，卵の中で変化が始まる。卵と(a)がむすびつくことを（　b　）といい，(b)した卵のことを（　c　）という。

① 次のア～オは卵の変化を示しています。変化する順に並べなさい。

ア　　　イ　　　ウ　　　エ　　　オ

② 水温が 25℃のとき，(b)からふ化までの日数として適当なものを１つ選び，記号で答えなさい。

ア．２～７日　　　イ．８～13 日　　　ウ．14～19 日　　　エ．20～25 日

(4) メダカとマグロにはさまざまな共通点があります。次のア～オのうちメダカとマグロに共通することがらを**すべて選び**，記号で答えなさい。

ア．一生，川だけにすむ
イ．卵を産む
ウ．肺で呼吸する
エ．からだの表面にうろこがある
オ．心ぞうがある

2 塩酸の性質を調べるために次のような観察，実験を行いました。次の各問いに答えなさい。
（１３点）

［１］塩酸の見た目を観察した。 ［２］塩酸を試験管に入れて加熱した。 ［３］塩酸を赤色・青色リトマス紙にそれぞれつけた。 ［４］塩酸に鉄，アルミニウムを入れ，変化を調べた。

(1) ［１］の観察について，塩酸の見た目でどのようなことが観察されたでしょうか。１つ選び，記号で答えなさい。

ア．無色の液体で，たくさんの泡《あわ》が出ていた。
イ．無色の液体で，泡は出ていなかった。
ウ．白くにごった液体で，泡は出ていなかった。
エ．うすい黄色の液体で，泡は出ていなかった。

(2) ［２］の実験について塩酸を加熱したところ，鼻をさすようなツンとしたにおいがしました。塩酸と同じように加熱したときに，鼻をさすようなツンとしたにおいがするものはどれですか。１つ選び，記号で答えなさい。

ア．食塩水　イ．炭酸水　ウ．アンモニア水　エ．水酸化ナトリウム水よう液
オ．石灰水

(3) 塩酸にとけている気体の名前を答えなさい。

(4) ［３］の実験では，リトマス紙は青色から赤色に変化しました。塩酸と同じリトマス紙の色の変化をする液体を１つ選び，記号で答えなさい。

ア．食塩水　イ．炭酸水　ウ．アンモニア水　エ．水酸化ナトリウム水よう液
オ．石灰水

(5) ［４］の実験について塩酸に鉄，アルミニウムを入れたときの様子として最も適当なものをそれぞれ選びなさい。ただし，解答は同じものを選んでも良い。

ア．泡を出しながらとけた。
イ．泡を出さずにとけた。
ウ．何も変化がなかった。

(6) ［４］の実験について，塩酸の代わりに水酸化ナトリウム水よう液を用いて実験をした場合，アルミニウムを入れたときの様子として最も適当なものを１つ選び，記号で答えなさい。

ア．泡を出しながらとけた。
イ．泡を出さずにとけた。
ウ．何も変化がなかった。

(7) 実験で用いた塩酸について先生に聞いたところ，1L中に3.5gの気体がとけているこさであると教えてくれました。では，試験管の中に塩酸を８mL入れたとすると何gの気体がとけていることになりますか。

(8) 実験に用いた塩酸を捨てる前に，水酸化ナトリウム水よう液を加えました。このように酸性とアルカリ性の水よう液を混合してたがいの性質を打ち消し合う反応を中和といいます。つぎの水よう液のうち，酸性とアルカリ性の組み合わせはいくつありますか。組み合わせの数を答えなさい。

塩酸，　食塩水，　炭酸水，　アンモニア水，　水酸化ナトリウム水よう液，　石灰水

(9) 実験をするときに注意することとして，正しいものを**２つ選び**，記号で答えなさい。

ア．水よう液を加熱するときは，風によってガスバーナーの火が消えるおそれがあるので，必ず窓を閉め切って実験を行う。
イ．水よう液を加熱するときには，水よう液がはねることがあるのでゴーグル(安全めがね)をつける。
ウ．水よう液のにおいを調べるときは，試験管の口のところであおぐようにして，においを調べる。
エ．複数の水よう液を使う実験を行った場合は，使い終わった液はすべて混ぜ合わせて流しに捨てて良い。
オ．酢《す》や食塩水を区別する実験では，少量を口に入れ，味を調べるのが一番簡単である。

3 月について次の各問いに答えなさい。（１３点）

(1) 次の図は地球と月と太陽の位置関係を表したものです。ア～クは月の通り道を示しています。

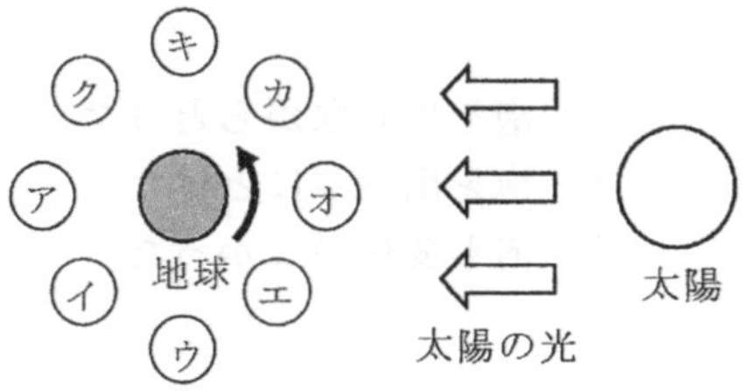

① 半月になるのは月がどの位置にあるときですか。ア～クから**２つ選び**，記号で答えなさい。

② 一晩中見ることができる月はどれですか。ア～クから１つ選び，記号で答えなさい。

③ 新月のとき，月はどの位置にありますか。ア～クから１つ選び，記号で答えなさい。

④ 皆既《かいき》日食が起こるときに月はどの位置にありますか。ア～クから１つ選び，記号で答えなさい。

(2) 次の文のうち，正しいものを**２つ選び**，記号で答えなさい。ただし，月の見え方は大分県で見たときのものとします。

ア．月の高さは，季節や日によって変わらない。
イ．月は東からのぼり，北の空を通り，西にしずむ。
ウ．月を観察するときは，しゃ光板を通して見るようにする。
エ．月には，クレーターと呼ばれるまるいくぼみがある。
オ．月には黒点とよばれるまわりよりも表面温度が低い部分がある。
カ．月は，太陽の光を反射してかがやいている。

(3) 地球から観察したときに，月と太陽がほぼ同じ大きさに見えるのはなぜですか。簡単に説明しなさい。

2024(R6) 岩田中
教英出版

(4) 月は地球のまわりを（　a　）日で1周します。しかし，月の満月から次の満月までは29.5日かかります。この日数の差は，月が地球の周りを回っているのと同時に，地球が太陽の周りを回っていることが関係しています。地球は太陽の周りを1日に1°回っているので，地球と月と太陽の位置関係が同じになるためには，29.5日分，つまり月が29.5°多く地球の周りを回る必要があります。

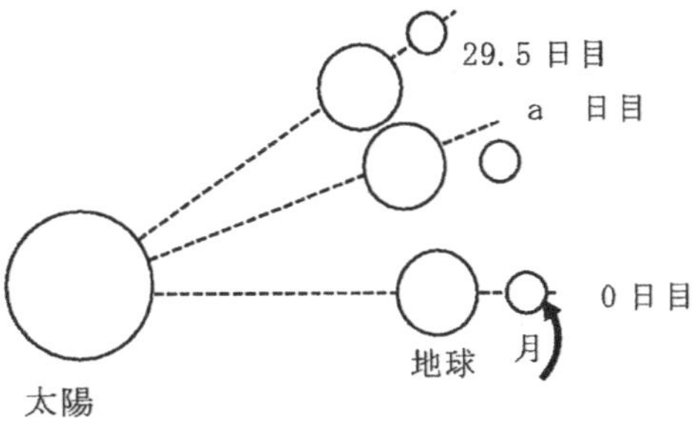

以上のことから，文中の空らんaに入る日数を求めなさい。ただし，**答を出すための計算式を書き，小数第2位を四捨五入して，小数第1位まで答えること。**

4　次の図は同じ長さの紙のつつに，同じ長さのエナメル線を均等な間かくになるように巻き付けて，電池と接続してつくった電磁石です。また，下の表は電磁石にくっついた鉄製クリップの数を記録したものです。表中のＸ，Ｙ，Ｚは電磁石ｃ，ｄ，ｆのいずれかになります。図の電磁石で使用する紙のつつ，エナメル線，電池，鉄しんなどは全て同じものとして，後の各問いに答えなさい。（１２点）

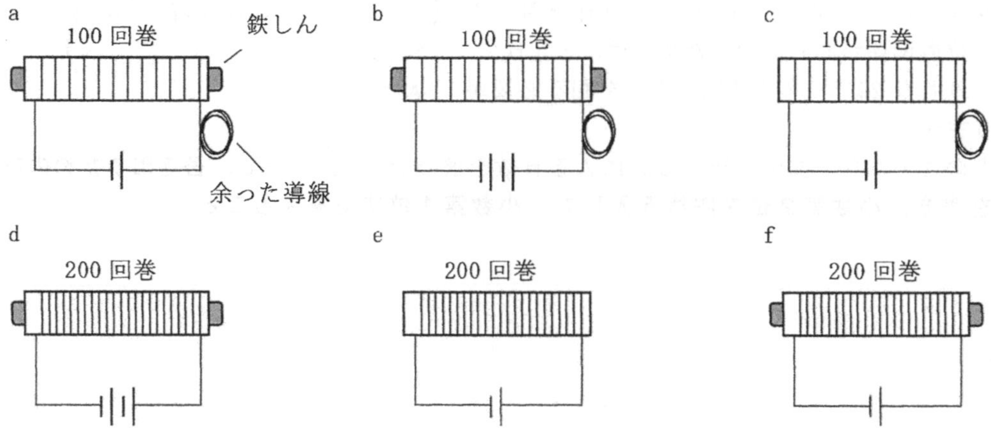

表

電磁石	a	X	Y	Z	b	e
クリップの数(個)	6	24	12	1	12	2

(1) 次の文のうち，正しいものを**３つ選び**，記号で答えなさい。

ア．ａとｂを比べると，電流の大きさと電磁石の強さを調べることができる。
イ．ｅとｆを比べると，電流の大きさと電磁石の強さを調べることができる。
ウ．ａとｄを比べると，コイルの巻き数と電磁石の強さを調べることができる。
エ．ｂとｄを比べると，コイルの巻き数と電磁石の強さを調べることができる。
オ．ｃとｅを比べると，鉄しんがあるときとないときの電磁石の強さを調べることができる。
カ．ａとｃを比べると，鉄しんがあるときとないときの電磁石の強さを調べることができる。
キ．ｂとｅを比べると，電流の向きを調べることができる。

(2) 表のＸ～Ｚに入る電磁石の組み合わせとして正しいものをア～カから１つ選び，記号で答えなさい。

	ア	イ	ウ	エ	オ	カ
X	c	c	d	d	f	f
Y	d	f	c	f	c	d
Z	f	d	f	c	d	c

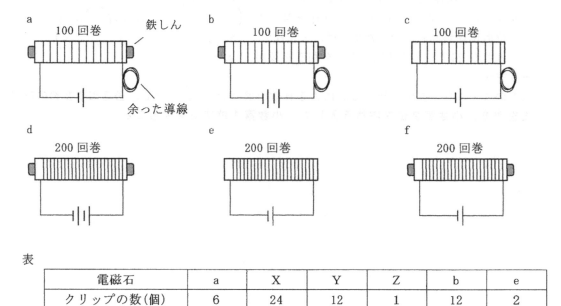

(3) d の電磁石をコイルの巻数を変えず，右の図のように電池を並列つなぎにしました。クリップは何個くっつくと考えられますか。一番近いものを選び，記号で答えなさい。

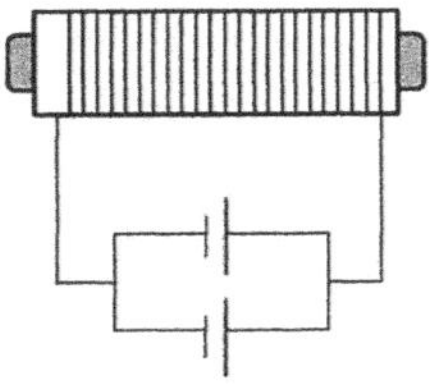

ア．１　　イ．６　　ウ．１２　　エ．２４　　オ．４８

(4) a の電磁石の鉄しんを銅に変えるとクリップは１つしかくっつきませんでした。アルミニウムの棒に変えるとクリップは何個くっつくと考えられますか。ア～オから一番近いものを選び，記号で答えなさい。また，その理由として正しいものをあ～えから１つ選び，記号で答えなさい。

個数
ア．１　　イ．６　　ウ．１２　　エ．２４　　オ．４８

理由
あ．アルミニウムは，銅とちがい磁石にくっつくので電磁石が強くなる。
い．アルミニウムは，銅と同じように磁石にくっつくので電磁石の強さは変わらない。
う．アルミニウムは，銅とちがい磁石にくっつかないので電磁石が強くなる。
え．アルミニウムは，銅と同じように磁石にくっつかないので電磁石の強さは変わらない。

(5) a の紙のつつと鉄しんの長さを２倍にして均等な間かくで 200 回巻きにしたところクリップが 12 個くっつきました。次に f の紙のつつと鉄しんの長さを半分にして均等な間かくで 100 回巻きにするとクリップは約何個くっつくと考えられますか。電磁石の力と鉄しんの長さは比例関係にあるとして，一番近いものを選び，記号で答えなさい。

ア．１　　イ．４　　ウ．６　　エ．１２　　オ．２４　　カ．４８

(6) 工場で使われるクレーンには，鉄を運ぶために，磁石でなく電磁石が使われることが多いです。その理由を性質にふれながら簡単に書きなさい。

受験番号			

２０２４年度

岩田中学校　入学試験問題

社　会

（４０分・５０点）

※受験上の注意（試験が始まるまでに読んでおいて下さい。）

１．「試験開始」の合図があるまで、この問題冊子を開いてはいけません。

２．解答用紙は、この問題冊子の中にはさみ込んであります。

３．問題用紙と解答用紙に、受験番号を必ず記入して下さい。

４．読みにくい字や図、途中で抜けているページがあった場合は、あわてずに静かに手をあげて、試験監督が来るのを待つこと。

５．「試験終了」の合図があったら、すみやかに解答するのをやめて、試験監督の指示にしたがって下さい。

６．この問題冊子は持ち帰ることはできません。机上においたままにして下さい。

岩田中学校・高等学校

1　日本における食料に関する次の会話文を読んで，あとの問いに答えなさい。（１１点）

Ａさん　おととし２月に始まったロシアによる①ウクライナ侵攻《しんこう》以来，世界全体で食料の価格が上がっているようだね。

Ｂさん　ウクライナは世界有数の②小麦の輸出国で，戦闘《せんとう》が激しくなったことで小麦の生産や輸出が減ってしまったことに原因があるらしい。

Ａさん　小麦の価格が上がったことで，日本では米が再評価されているみたいだね。③米は小麦に比べて国内で自給できる割合が高いからかな。

Ｂさん　④日本では昔から米作りを農業の中心としてきたよね。また，⑤米作りのためにいろいろな工夫もしてきたようだから，それだけ大切な作物だったといえるかもしれないね。

Ａさん　日本以外でも米は大切な食料として世界中の国々で栽培《さいばい》されているね。もともと稲《いね》は緯《い》度《ど》が低くて一年中暖かく，水が豊かな地域を好む作物だから米作りには⑥年間の降水量がある程度必要とされるらしいよ。

Ｂさん　米や小麦以外の食料も含めて日本ではどれくらい自給できているんだろう。例えば，国内で牛乳を生産するためには牛に飼料を与える必要があるけど，その飼料はどれくらい国内でまかなうことができるんだろう。

Ａさん　それを考えるためには，⑦２つの食料自給率を比較《ひかく》する必要があるだろうね。

問１．下線部①について，ウクライナは1991年の独立までロシアなどの国々とともにソビエト連邦の一部でした。次のうちウクライナ同様にソビエト連邦の一部であった国を次のア～エから１つ選び，記号で答えなさい。

ア．スウェーデン　　イ．フィンランド　　ウ．ベラルーシ　　エ．ポーランド

問２．下線部②について，次の図は世界のいくつかの国における小麦の収穫《しゅうかく》時期をしめしたものです。図中のＡにあてはまる国を次のア～エから１つ選び，記号で答えなさい。

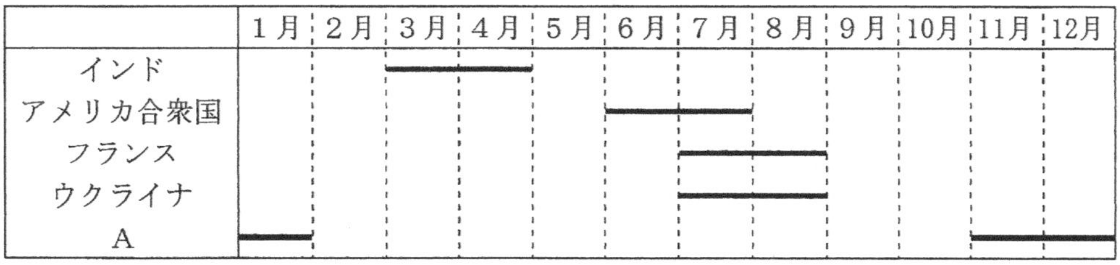

ア．イギリス　　イ．オーストラリア　　ウ．カナダ　　エ．中国

問３．下線部③について，日本における米と小麦の自給率の組み合わせとして最も近いものを次のア～エから１つ選び，記号で答えなさい。

ア．米 … 95%，小麦 … 15%　　イ．米 … 95%，小麦 … 35%
ウ．米 … 75%，小麦 … 15%　　エ．米 … 75%，小麦 … 35%

問４．下線部④について，日本では米作りのために様々な農作業が行われています。これについて述べた次のア～エの文のうち，**適当でないもの**を１つ選び，記号で答えなさい。

ア．田植えの直前の時期に，田に水を入れて土をかき混ぜる「しろかき」を行う。
イ．田植えを行ったあとの根が伸びる時期に，田の水をいったん抜く「中ぼし」を行う。
ウ．稲の花が咲く夏の時期に，農薬を散布する場合がある。
エ．稲刈《か》りを行う直前の時期に，田が乾いている場合は水を入れる。

問５．下線部⑤について，米の品質を良くしたり，農作業を効率よく行うための工夫について述べた次のア～エの文のうち，**適当でないもの**を１つ選び，記号で答えなさい。

ア．遠浅の海や湖・沼の水を抜いて干拓をして，水田の面積を増やした。
イ．ひとつひとつの水田の面積を大きくして，大型の機械が使用できるようにした。
ウ．質の良い品種は限られているため，全国で同じ品種を作るようにした。
エ．収穫した米を適温で保管できる，カントリーエレベーターが各地に造られた。

問６．文中の下線部⑥について，次の図１は世界の米の生産地域を，図２は世界における年間降水量の分布を示したものである。これらを参考にすると，米を栽培するには一般にどのくらいの年間降水量が必要であると考えられるか。次のア～エから１つ選び，記号で答えなさい。

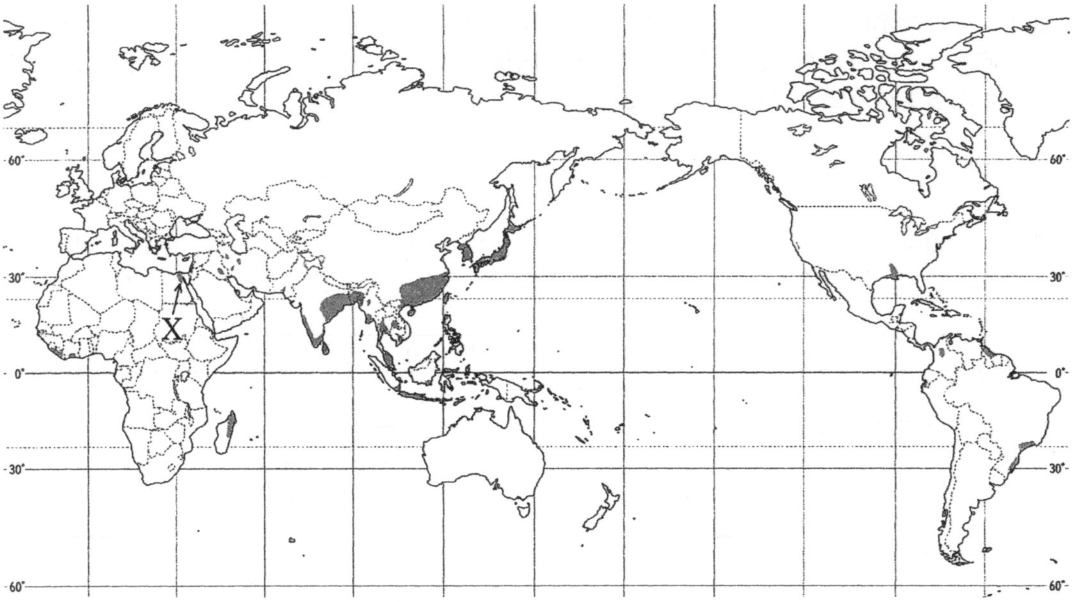

図１

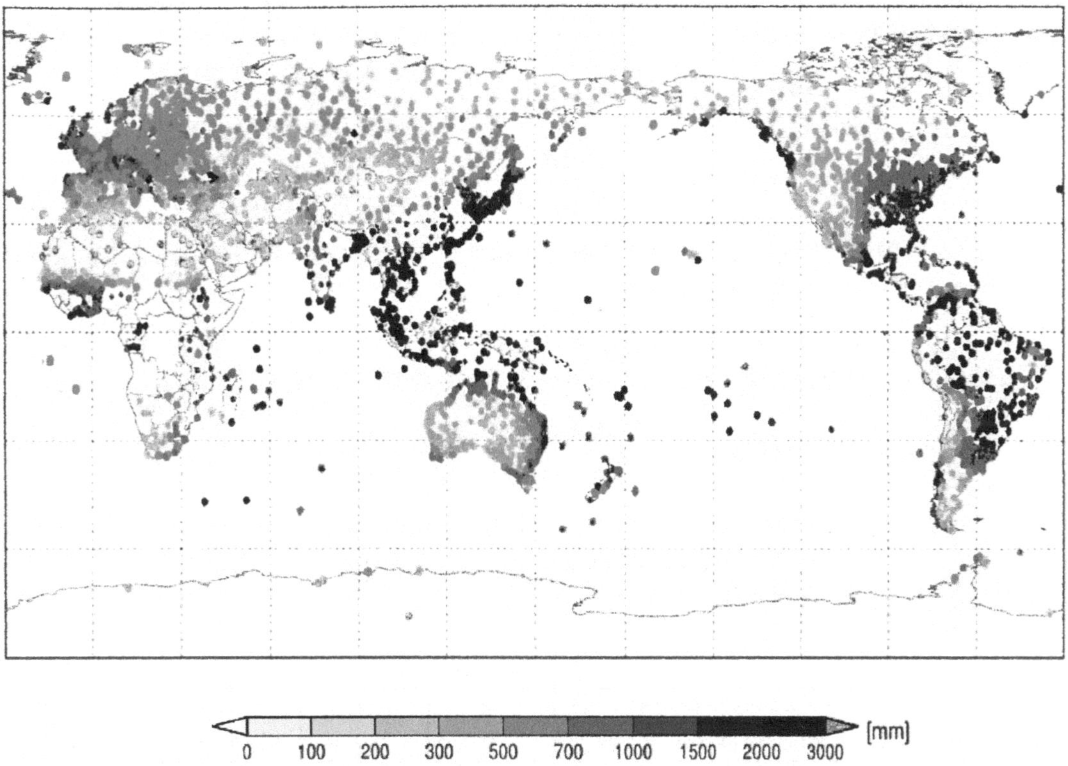

図2　　　　気象庁ウェブサイトより

ア．500mm　　イ．1000mm　　ウ．2000mm　　エ．3000mm

問7．問6の図を見ると，地図中のXの地域は年間降水量が100mm未満であるにもかかわらず米が生産されている。足りない水をどのようにおぎなっていると考えられるか。**25字以内**で書きなさい。

問８．下線部⑦について，食料の自給率をはかるには「カロリーベース」と「生産額ベース」の２種類が用いられます。「カロリーベース」の食料自給率は私たちが食べている食料に含まれるカロリーのうち，日本国内あるいは県内で作られた食料に含まれるカロリーがどのくらいの割合になるかを示すもので，次の計算式で求められます。

$$\text{カロリーベースの食料自給率} = \frac{\text{国民（県民）１人１日あたりの国産カロリー}}{\text{国民（県民）１人１日あたりの供給カロリー}}$$

なお，「国民（県民）１人１日あたりの供給カロリー」には，国内の畜《ちく》産《さん》業で消費される飼料のカロリーも含まれています。

一方，「生産額ベース」の食料自給率は私たちが食べている食料全体の金額のうち，日本国内あるいは県内で作られたものの割合を示すもので，次の計算式で求められます。

$$\text{生産額ベースの食料自給率} = \frac{\text{食料の国内（県内）生産額}}{\text{食料の国内（県内）消費額}}$$

次の表はこの２つの食料自給率について全国と秋田県，鹿児島県，埼玉県の数字を表したものである。表中のＡ～Ｃにあてはまる県の組み合わせとして適当なものをあとのア～カから１つ選び，記号で答えなさい。

	全　国	A	B	C
カロリーベースの食料自給率（％）	４６	１１	１４５	２１５
生産額ベースの食料自給率（％）	７１	１８	３１９	１６５

農林水産省の試算による（令和２年度確定値）

	ア	イ	ウ	エ	オ	カ
A	秋田県	秋田県	鹿児島県	鹿児島県	埼玉県	埼玉県
B	鹿児島県	埼玉県	秋田県	埼玉県	秋田県	鹿児島県
C	埼玉県	鹿児島県	埼玉県	秋田県	鹿児島県	秋田県

2　情報に関する次の文を読んで，あとの問いに答えなさい。（９点）

現代は情報がとても大切な時代と言えます。古くから多くの人々に情報を伝えてきた①新聞や②テレビ，ラジオなどを（　③　）といいます。（　③　）には④それぞれに得意とする役割があり，私たちはそれらをうまく使い分けて正確な情報を得ることが求められます。

21世紀になると，インターネットが急速に発達しました。このことによって世界中の人々が⑤いつでもどこでも様々な情報を得ることができるようになったことに加え，⑥ＳＮＳが普《ふ》及《きゅう》したことによって個人が情報を発信することもできるようになってきました。

問１．下線部①について，次のア～エの文のうち**適当でないもの**を１つ選び，記号で答えなさい。

ア．記者が事件や事故などを取材する場合は，現場に行ったり複数の関係者に話を聞いたりすることが求められる。
イ．同じできごとであっても，伝える新聞社によって扱いの大きさや記事の内容にちがいがある。
ウ．新聞に掲《けい》載《さい》される記事は重要性によって大きさが異なり，重要なものほど後のページにのせられる。
エ．新聞には事件や事故の記事だけではなく，新聞社の考え方を述べたり，本や展覧会を紹介したりするページもある。

問２．下線部②について，日本国内でテレビ放送を行っている放送局は大きく公共放送と商業放送とに分けられます。このうち公共放送は日本国内の各家庭から納められる受信料で成り立っています。一方の商業放送には視聴者からの視聴料によって成り立つ放送局と，スポンサーからの広告料で成り立っている放送局の二種類があります。このうち広告料で成り立っている放送局の番組は，私たちにとって，番組を無料でみることができるという利点がある一方で，注意しなければならない点もあるとされます。この注意すべき点についてあなたの考えを書きなさい。

問３．文中の空らん（　③　）にあてはまる語を次のア～エから１つ選び，記号で答えなさい。

ア．クロスメディア　　イ．ニューメディア　　ウ．マスメディア
エ．マルチメディア

問４．文中の下線部④について，新聞・ラジオ・テレビの特徴について述べた文の正しい組み合わせをあとのア～カから１つ選び，記号で書け。

Ａ．災害が発生したときなども，いつでもどこでも早く情報を得られる。
Ｂ．情報が早く得られることに加え，映像によってわかりやすく伝えてくれる。
Ｃ．情報をくり返し得られ，世の中のできごとについて幅《はば》広く詳しく知ることができる。

	ア	イ	ウ	エ	オ	カ
新　聞	A	A	B	B	C	C
ラジオ	B	C	A	C	A	B
テレビ	C	B	C	A	B	A

問５．下線部⑤について，このことによって企業《きぎょう》活動においても色々な情報が活用されるようになりました。これについて述べた文として**適当でないもの**を次のア～エから１つ選び，記号で答えなさい。

ア．プロ野球の試合会場で，場内販売するお弁当の仕入れ数を決めるために天気の長期予報を参考にする。
イ．コンビニエンスストアで，店先に置くビニールがさの数を調整するために当日の気象予報を参考にする。
ウ．トラックを運行する運送会社が，運送ルートや出発時刻を決めるために道路交通情報を参考にする。
エ．お菓子を製造する会社が，若者向けの新商品を開発するために複数のＳＮＳの投稿《とうこう》内容を参考にする。

問６．下線部⑥について，2016年の熊本地震《じしん》が発生直後，ＳＮＳ上に街中を歩くライオンの写真とともに『おいふざけんな，地震のせいでうちの近くの動物園からライオン放たれたんだが　熊本』という書きこみが行われました。これにより，熊本市内の動物園には多くの問い合わせが寄せられたことで，動物園の仕事にさしつかえがでることになりました。しかしのちに書きこみは事実ではなかったということが分かり，書きこんだ人は警察に逮捕《たいほ》されました。

　このようなＳＮＳの書きこみを目にした場合，どのように行動すればよいと思いますか。あなたの考えを書きなさい。

（ＳＮＳへの投稿）

お詫び：著作権上の都合により，
掲載しておりません。
ご不便をおかけし，
誠に申し訳ございません。
教英出版

問題の投稿（現在は削除）

2024年度　岩田中学校　入学試験　国語科　解答用紙

一

問一
a
b
c
d
e

問二
Aは、
Bは、

問三

問四
③
⑤

問五

問六

問七
短編は「　　　　物語」だが、
長編は「　　　　物語」である。
短編は「　　　　のび太」を、
長編は「　　　　のび太」を描いている。

問一
「ぼく」にとってマスクは
　　　　役割を持っている。

3

（１）	① 　　　cm^3	② 　　　cm	（２）	

〔　　　点〕

4

（１）	（ア）	（イ）	（ウ）
（２）	m	（３）	時速　　　km 以上

〔　　　点〕

5

（１）	Ａの商品の個数：Ｂの商品の個数　＝　　　：	
（２）	①　　　通り	②　Ａのセット数　　　，Ｂのセット数

〔　　　点〕

3

(1)	①	②	③	④	(2)	
(3)						
(4)						

（　　　点）

4

(1)		(2)		(3)	
(4)	個数	理由		(5)	
(6)					

（　　　点）

問1									
問2				問3					
問4		問5		問6		問7			
問8									
問9		問10		問11		問12		問13	
問14		問15		問16					

（　　　点）

4

問1		問2		問3		問4	

（　　　点）

5

問1		問2	
問3			

（　　　点）

受験番号

2024年度　岩田中学校　入学試験　社会科　解答用紙

点

※50点満点

1

問1　問2　問3　問4　問5　問6

問7

問8

点

2

問1

問2

問3　問4　問5

問6

点

【解答

受験番号

2024年度　岩田中学校　入学試験　理　科　解答用紙

(　　　点)
※50点満点

1

(1)					
(2)		(3)	a	b	c
(3)	①　→　→　→　→		②	(4)	

(　　　点)

2

(1)		(2)		(3)		(4)	
(5)	鉄	アルミニウム		(6)		(7)	g

【解答

受験番号

2024年度　岩田中学校　入学試験　**算数科**　解答用紙

〔　　点〕
※100点満点

1

(1)		(2)		(3)	
(4)		(5)			

〔　　点〕

2

(1)	%	(2)		(3)	点
(4)	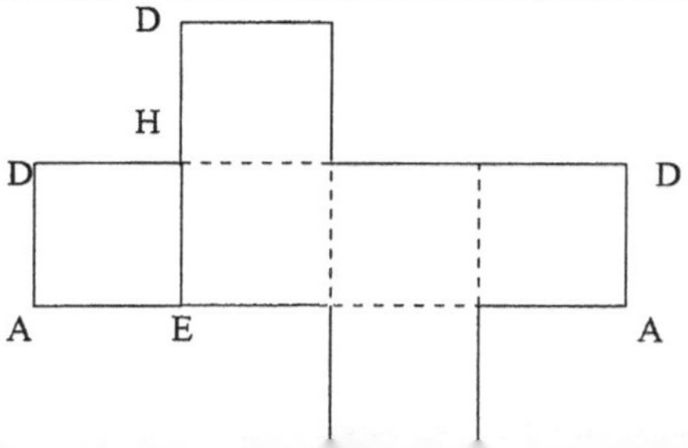				

【解答

問
を気にして（心配して）いる。

問六

問七
・　・

三

問一
a
b
c
d
（け）
e
（いだ）

問二
・　・　・

問三

問四
①
②

受験番号

一　点

二　点

三　点

合計　点

※100点満点

3　次のＡ～Ｇの各文章を読んで，あとの問いに答えなさい。（２０点）

Ａ　①今から１万2000年ほど前から，人々は木の実を集めたり，骨などでつくった道具でシカやイノシシなどの動物や魚などをとったりして，食料とするくらしをはじめました。
同じころ，人々は食べ物をにたきしたり，たくわえたりするために土器をつくりはじめ，この土器は縄を転がしてつくったもようのものが多いので，②縄文土器といいます。

問１．下線部①について，このころの遺跡に貝塚がありますが，貝塚からどのようなことが分かるか，説明しなさい。

問２．下線部②について，縄文土器はそののちにつくられた弥生土器と比べて，**もよう以外**にどのようなちがいがあるか，説明しなさい。

Ｂ　大阪府堺市にある大仙古墳は，日本最大の前方後円墳で，③５世紀の中ごろにつくられました。こうした古墳がつくられはじめたころ，中国や朝鮮半島から日本に移り住む渡来人が多くいました。奈良県の（　④　）の壁画は，中国や朝鮮との深いつながりを感じることができます。

問３．下線部③について，このころにつくられた古墳の出土品にはどのようなものがありますか。具体的な例を１つ答えなさい。

問４．文中の空らん（　④　）にあてはまる語句を次のア～エの中から１つ選び，記号で答えなさい。

ア．稲荷山古墳　　イ．江田船山古墳　　ウ．高松塚古墳　　エ．吉野ヶ里遺跡

Ｃ　８世紀の中ごろ，人々は伝染病に苦しみ，貴族の反乱がおこるなど，世の中が乱れました。⑤聖武天皇は，中国と朝鮮に学んで，仏教の力で社会不安をしずめて国をおさめようとしました。このころ，多くの農民にしたわれていた（　⑥　）という僧がいて，農民に仏教の教えを説いたほか，道路やため池をつくって，農民のくらしを助けました。

問５．下線部⑤について，聖武天皇は701年に生まれて，756年になくなりました。**聖武天皇が生きていた間のできごとではないもの**を次のア～エの中から１つ選び，記号で答えなさい。

ア．東大寺の大仏をつくる命令を出した。
イ．大化の改新がおこなわれた。
ウ．全国に国分寺と国分尼寺を建てる命令を出した。
エ．都が平城京に移された。

問６．文中の空らん（　⑥　）にあてはまる人物名を答えなさい。

D　13世紀後半，モンゴルが中国にせめこんで元を建国し，朝鮮半島の高麗を支配すると，日本にも従うように使者をおくってきました。しかし，⑦北条時宗は元の要求をはねつけ，御家人たちとともに九州の守りを固めました。元は二度にわたって九州北部におしよせてきました。
これに対して，⑧御家人たちは，元の集団戦法に苦しみながらも激しく戦いました。
14世紀前半に鎌倉幕府が倒れたあと，京都で⑨室町幕府が開かれました。

問７．下線部⑦について，この人物は鎌倉幕府で将軍を助ける最高の役職についていたが，この役職名を答えなさい。

問８．下線部⑧について，その後多くの御家人たちの幕府に対する不満が高まることになりました。その理由を説明しなさい。

問９．下線部⑨について，室町幕府の８代将軍がおこなったことを次のア～エの中から１つ選び，記号で答えなさい。

ア．明との国交を開いた。　　イ．検地や刀狩りをおこなった。
ウ．銀閣を建てた。　　エ．金閣を建てた。

E　徳川家康は，豊臣秀吉の時からとだえていた朝鮮との国交を回復し，大名や商人に朱印状を与え，外国との貿易に力を入れました。外国との交流がさかんになると，ヨーロッパの宣教師らによってキリスト教が広められました。⑩幕府は，キリスト教信者の勢力が大きくなり，大名が幕府に従わなくなることをおそれて，鎖国政策をおこないました。
⑪江戸時代の人々にとって，歌舞伎や人形浄瑠璃の見物は大きな楽しみの一つであり，浮世絵などの版画も数多く印刷され，様々な学問も広がりました。

問10．下線部⑩に関する説明文として**適当でないもの**を次のア～エの中から１つ選び，記号で答えなさい。

ア．ポルトガル人の来航を禁止した。
イ．長崎につくった出島にスペイン人を移した。
ウ．日本人の海外渡航《とこう》や帰国を禁止した。
エ．島原・天草一揆がおこり，幕府は大軍をおくっておさえこんだ。

問11．下線部⑪について，江戸時代の文化・学問とそれに関する人物名の組み合わせとして**適当でないもの**を次のア～エの中から１つ選び，記号で答えなさい。

ア．蘭学：前野良沢　　イ．国学：本居宣長
ウ．測量・天文学：伊能忠敬　　エ．浮世絵：近松門左衛門

F　江戸時代の終わりに幕府が欧米諸国と結んだ条約は不平等なものでした。明治政府は条約を改正しようと努力を続けました。日本の近代化の遅れなどを理由に，諸外国は話し合いに応じてくれませんでしたが，多くの人々の努力と交渉《こうしょう》の結果，⑫日本は欧米諸国と対等な立場に立つことができました。
その後，日本は韓国に対する支配を強め，⑬1910年に韓国を併合して植民地にしました。

問12．下線部⑫について，1894年にイギリスと交渉をおこない，治外法権を廃止した外務大臣はだれですか。人物名を答えなさい。

問13．下線部⑬について，日韓併合は次のア～オのどの時期のできごとですか。ア～オの記号で答えなさい。

↓　ア

日清戦争が始まった

↓　イ

日露戦争が始まった

↓　ウ

第一次世界大戦が始まった

↓　エ

関東大震災がおこった

↓　オ

G　1950年に朝鮮戦争が始まると，日本では連合国軍総司令部の指令によって，自衛隊のもとになる（　⑭　）がつくられました。また，この朝鮮戦争で（　⑮　）が大量の物資を日本に注文したため，日本の産業が活気づき，経済が立ち直るきっかけになりました。その後，日本では高度経済成長がはじまり，1968年には国民総生産が（　⑮　）に次いで世界第２位になりました。こうして日本は，国際社会においても重要な役割をはたすようになりました。しかしその一方で，日本の領土である北方領土や⑯竹島の問題は残っています。その解決に向けて，日本政府は慎重《しんちょう》に対応しています。

問14．文中の空らん（　⑭　）にあてはまる語句を答えなさい。

問15．文中の空らん（　⑮　）にあてはまる国名を答えなさい。

問16．下線部⑯について，竹島が属している都道府県名を答えなさい。

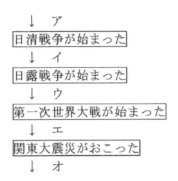

4 次の表を見て，あとの問いに答えなさい。（５点）

	大日本帝国憲法	日本国憲法
主権	（　①　）が中心となって政治をおこなう	政治のあり方を最終的に決める権限は（　②　）にある
基本的人権	法律の範囲内で権利を認める	おかすことのできない永久の権利として保障《ほしょう》
議会	帝国議会	③国会
内閣	（　①　）の政治をたすける	内閣総理大臣が内閣を組織し，政治をすすめる
軍隊	（　①　）が軍隊を率いる	軍隊をもたない
④義務	—	—

問１．文中の空らん（　①　）にあてはまる語句を**漢字**で答えなさい。

問２．文中の空らん（　②　）にあてはまる語句を**漢字**で答えなさい。

問３．下線部③について述べた各文のうち**適当でないもの**を次のア～エから１つ選び，記号で答えなさい。

ア．国のきまりである法律を定め，国の収入《しゅうにゅう》と支出（予算）を定める。
イ．裁判所の裁判官を裁判する。
ウ．内閣が結んだ外国との条約を承認《しょうにん》する。
エ．衆議院の議員は国民の選挙によって選ばれ，参議院の議員は内閣によって選ばれる。

問４．下線部④について，両方の憲法で定められている国民の義務にあてはまるものを次のア～エから１つ選び，記号で答えなさい。

ア．納税の義務
イ．勤労の義務
ウ．兵役の義務
エ．子どもに教育を受けさせる義務

5 次の文章を読み，あとの問いに答えなさい。（５点）

2023年４月，大分県知事選挙が行われ，20年ぶりに新しい知事が誕生しました。この選挙の投票率は51.45％となり，過去最低だった前回の選挙をおよそ４ポイント上回りました。知事の任期は（　①　）年なので，（　①　）年に一度選挙が行われます。知事には（　②　）歳以上で立候補することができます。

問１．文中の空らん（　①　），（　②　）にあてはまる数字の組合せとして正しいものを次のア～エから１つ選び，記号で答えなさい。

ア．①－４　　②－２５
イ．①－４　　②－３０
ウ．①－６　　②－２５
エ．①－６　　②－３０

問２．選挙の投票率を上げるためにどのようなことをすればよいと思いますか。あなたの考えを書きなさい。

問３．2023年の世界のできごとについて述べた文として**適当でないもの**を次のア～エから１つ選び，記号で答えなさい。

ア．２月，ロシアによるウクライナへの軍事侵攻が始まってから，24日で１年となりました。欧米の軍事支援《しえん》を受けるウクライナも，領土の奪還《だつかん》を果たすまで停戦に応じない状況です。
イ．４月，「こども家庭庁」が発足しました。設置の目的は，こどもと家庭の福祉《ふくし》や健康の向上を支援し，こどもの権利を守るためのこども政策を強力に進めることにあります。
ウ．５月，広島で開催《かいさい》されたＧ７サミットで，ChatGPTなど生成AIの規制や活用のあり方が議論され，使用を全面的に禁止することで合意されました。
エ．７月，世界気象機関は「観測史上最も暑い月」になると発表しました。国際連合のグテーレス事務総長は「地球温暖化の時代は終わり，地球沸騰《ふつとう》化の時代が来た」と述べ，各国政府などに気候変動対策の加速を求めました。

受験番号			

２０２３年度

岩田中学校　入学試験問題

国　語

（６０分・１００点）

※受験上の注意（試験が始まるまでに読んでおいて下さい。）

1．「試験開始」の合図があるまで、この問題冊子を開いてはいけません。
2．解答用紙は、この問題冊子の中にはさみ込んであります。
3．問題用紙と解答用紙に、受験番号を必ず記入して下さい。
4．読みにくい字や図、途中で抜けているページがあった場合は、あわてずに静かに手をあげて、試験監督が来るのを待つこと。
5．「試験終了」の合図があったら、すみやかに解答するのをやめて、試験監督の指示にしたがって下さい。
6．この問題冊子は持ち帰ることはできません。机上においたままにして下さい。

岩田中学校・高等学校

2023(R5) 岩田中
K 教英出版

一

次の文章とカラー資料（大分市※ハザードマップ）を読んで、後の問いに答えなさい。（38点）

お詫び

著作権上の都合により、文章は掲載しておりません。
ご不便をおかけし、誠に申し訳ございません。

教英出版

お詫び
著作権上の都合により、文章は掲載しておりません。
ご不便をおかけし、誠に申し訳ございません。
教英出版

（『気候変動をまもる30の方法』国際環境NGO FoE Japan 合同出版）

※ハザードマップ … 自然災害による被害を予測して、その範囲を地図に表したもの。
※SNS … ソーシャル・ネットワーキング・サービス。インターネット上で、個人同士がつながることができる。

問一　〰〰線部a〜eのカタカナを漢字に直し、漢字はその読みをひらがなで書きなさい。

問二　本文中の［A］〜［D］に入る見出しとして適当なものを次の中から一つずつ選び、それぞれ記号で答えなさい。

ア　防災対策は機能したか　　イ　気づいたときには避難できない

ウ　災害の経験は活《い》かされるか　　エ　「自然の力はすごい、でも人の力もすごい」

問三　━━線部①に関して、カラー資料（大分市ハザードマップ）を見ながら避難のポイントを次のようにまとめた。空らんに入る内容を抜《ぬ》き出し、それぞれ答えなさい。

＊アには五字の表現、イには三字の表現、ウ・エ・オ・カには四字の表現が入ります。

◇準備編1　ハザードマップを見る

ハザードマップを見て、自分の居場所に想定される［ア］を確認しておく。

◇準備編2　正しい避難行動を知る

事前に家族で話し合い、洪水の状況に応じた［イ］を決めて［ウ］を考えておく。

◇避難編3　避難を判断する

大分市からの［エ］や気象庁が発表する［オ］なども参考にして、危険を感じたらすぐに避難する。

◇避難編4　安全に避難する

あわてずに行動するために、あらかじめ準備をしたり、情報を確認したりした上で事前に決めた［イ］へ避難する。

避難前に火元を確認し、自宅の安全が確認できれば［カ］に努める。

問四　――線部②について、筆者は自治体がとるべき行動をどのように考えているか。筆者の考えに合うものに○、合わないものに×をつけなさい。

（a）正確なハザードマップを作成した上で、災害時には刻々と変化する災害現場の最新情報を優先して住民に連絡する。

（b）高齢者が災害に巻きこまれて命を落としてしまう割合が高いため、高齢者の避難に配慮した防災対策を考えておく。

（c）効率よく支援物資を配布できるように、まず大きな避難所に集めた後で被災者の人数に応じてすみやかに配分する。

（d）支援や物資がいきとどかない事態が生じないように、被災者や避難所についてさまざまな状況を想定して準備をする。

（e）避難情報を聞いても避難しない人が出ないように、警戒レベルをさらに細かく分類して示し、住民の防災意識を高める。

問五　――線部③について、支援活動に必要な「力」とは何か。本文中から三十一字で抜き出し、初めと終わりの五字で答えなさい。

問六　本文に示された筆者の考えとして最も適当なものを一つ選び、記号で答えよ。

ア　異常気象の原因である大気汚《お》染や温室効果ガスなどの環境問題に対して、世界各国が連携して対処しなければならない。

イ　自分の感覚だけで判断して避難するのではなく、国や自治体の情報を得てから慎《しん》重に避難行動を取ることが大切である。

ウ　日本では住民の防災意識を高めることが長年の課題になっており、学校や地域・家庭での防災教育が必要不可欠である。

エ　緊急時には従来の連絡《らく》手段だけでは災害支援を行えないため、ＳＮＳなどの新しい連絡手段を活用することが望ましい。

オ　国や自治体が災害への備えをするだけではなく、住民も災害時の意識や行動力のレベルを上げて連携していくべきである。

問七　大分市でも今後三十年以内に高い確率で大きな災害が発生すると予想されている。災害への備えに関して大切なことは何か。あなたの考えを百字以内でまとめなさい。

［注意］

1　書き出しを一マス空けたり、改行したりする必要はない。

2　カラー資料（大分市ハザードマップ）の内容を参考にすること。

3　八十字以上書くこと。

［下書き］

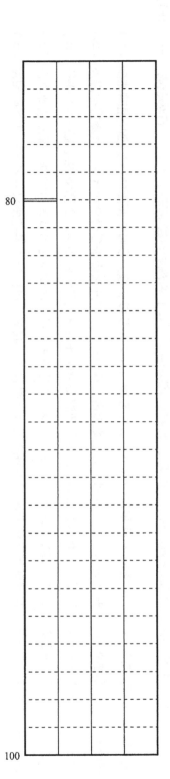

二　次の文章を読んで、後の問いに答えなさい。（27点）

フラガールズ甲《こう》子園の優勝を目指す愛好会のメンバーである穣《ゆたか》とマヤがミーティングを終えて下校している場面である。

「私ね、高校まで松下君と同じクラスになっちゃって、本当にものすごく嫌《いや》だった」

松下は、中学のクラスの中でも特に※そうしたことを声高《こわだか》に言うグループに属していたという。

「だって、松下くんちは浸水もなかったんだよ。でも、そんなこと言ったら、なに言われるか分からなかった。被害があったほうが偉《えら》いのかって、凄《すご》まれたこともあったし」

マヤがクラスであんなにも萎《い》縮していた理由が、初めて分かった気がした。

「ただね」

マヤが分厚いレンズの奥《おく》から、穣を見上げる。

「小学校のときの松下君て、ちっとも今みたいじゃなかった。なんかいっつもびくびくしてて、全然目立たなかったんだよ」

「へえ……」

びくびくした、松下。

穣には、なんだか想像ができなかった。

「でもね、だから私には、松下君って、いっつも大声で言えることを、必死になって探してるみたいに思えちゃう」

穣は驚《おどろ》いてマヤを見る。

①「多分、そうしていないと、不安なんだよ。松下君は」

マヤは意外に厳しい眼差《まなざ》しで、人気《け》のない灰色の海を見ていた。

「自分の言葉で喋《しゃべ》れない松下君がクラスの中心にいるなんて、私には信じられない」
海風になびく髪《かみ》をおさえながら、マヤが A 振《ふ》り返る。
「だから、松下君は、ずっと辻《つじ》本君のことが怖《こわ》かったんだと思うよ」
穣はぽかんと口をあけた。
あいつが、俺《おれ》を怖かった――?
そんなこと、今の今まで、考えたこともなかった。
「だって、本当のリーダーになれるのは、一番弱い人のことまでちゃんと考えられる人だもの」
マヤは、今までにないほど熱い眼差しで穣を見た。
「覚えてる?　実習のとき、私が模型を運べなくて四苦八苦していたら、辻本君が手助けしてくれたこと……」
もちろん、忘れるわけがない。
見かねて手を出した穣の顔を見るなり、マヤはその白い顔を、ぱあーっと耳まで赤く染めた。
まさしく恋《こい》におちる瞬《しゅん》間を目撃《げき》したような一瞬だった。
「実はね」
マヤがスクールバッグをあけて、なにやら B 探し出す。
「辻本君って、近くで見ると、うちのジョンに少し似てるの」
は――!?
②いきなり空気の塊《かたまり》が落ちてきた。
見えない衝《しょう》撃を受けつつ、穣はマヤが差しだしてきたパスケースに眼《め》を落とす。
「ね?　少しだけ似てるでしょう」

パスケースに入れられた写真に写っているのは、なかなか精悍《せいかん》なシベリアンハスキー犬だった。
「私、あのとき、ジョンが助けにきてくれたような気がしちゃって……」
なるほど……。
そうだったのか。
複雑な思いが胸に去来したが、穣はできるだけ冷静な判断を試みようと努力した。
またひとつ、新たな事実が判明した。
要するにあれは——。恋におちた瞬間などではなかったわけだ。
「うん、まあ、なんというか……、光栄だよ」
かろうじて応《こた》えると、マヤは C 微笑《ほほえ》んだ。
それからパスケースを見つめ、慈《いつく》しむようにそれをそっと撫《な》でる。
「この写真だけでも、残ってくれてよかったな……」
消え入りそうに小さな声で、マヤは寂《さび》し気《げ》に呟《つぶや》いた。
写真の上を行き来する細い指先を見るうちに、穣の中に、新たな思いが湧《わ》いてきた。
マヤにとって、ジョンは本当に、家族同然の存在だったのだろう。
「あのさ」
自転車を堤防に立てかけ、穣はマヤに声をかけた。
③「ちゃんと悲しんでいいと思うよ」
マヤがハッとしたように穣を見る。

友人や家族を失った人に比べれば、ペットの犬を亡《な》くしたことなど、どうということもない――。
そんなふうに言われてから、きっとマヤは黙《だま》って我慢《がまん》してきたのだろう。
いつも教室で苦しそうにうつむいていたように、歯を食いしばって、ずっと耐《た》え忍《しの》んできたのだろう。
「誰《だれ》になにを言われようが、何年たとうが、林が悲しいなら、遠慮しないで悲しんでいいんだよ。自分の悲しみを、人と比べることなんてないんだよ」
マヤは黙って穣を見返していた。
やがて、分厚い眼鏡《めがね》の奥の眼に、 D 涙《なみだ》が盛り上がった。
「うっ」
小さく、喉《のど》が詰《つ》まったような声が出る。
風にあおられ、一羽《わ》のカモメがふわりと堤防の上を飛んだ。
瞬間――。
「うわぁあああっ……!」
大きな声をあげて、マヤが顔を覆《おお》った。
マヤの持っていたスクールバッグが E 足元に落ちる。
テトラポッドの積まれた入り江《え》は、今日も水たまりのよう。
けれど、世界はちっとも狭《せま》くない。
④この世は自分たちの手には到底《とうてい》負えないほど大きくて、深い悲しみと※理不尽でできている。
顔を覆って泣き続けるマヤの肩を、穣は両手でそっと支えた。

（『フラダン』古内一絵　小学館文庫）

※そうしたこと … 震《しん》災で犬をなくしたマヤが、「家族や友人をなくした人に比べればどうってことないだろう」と人に言われたこと。
※理不尽《りふじん》 … 道理（＝物事の筋道）に合わないこと。

問一　本文中の[A]～[E]に入る言葉を次の中から一つずつ選び、それぞれ記号で答えなさい。

ア　ぷくりと　イ　にっこりと　ウ　やんわりと　エ　どさりと　オ　くるりと　カ　ごそごそと

問二　――線部①について、マヤは松下君の行動に関してどのように考えているか。次の空らん部分に入る内容を三十五字以内で説明しなさい。

［　　　　　　］とマヤは考えている。

問三　――線部②は、穣のどのようなようすを表現したものか。次の中から最も適当なものを一つ選び、記号で答えなさい。

ア　マヤから突《とう》然予想外のことを言われ、どういうことを言われているのかを理解できずにとまどうようす。
イ　自分の見た目についてマヤから失礼なことを言われ、マヤへの怒《いか》りがだんだんとこみ上げてくるようす。
ウ　マヤからリーダーとしてふさわしいとほめられた後に、いきなり不思議なことを言われて混乱するようす。
エ　昔の行動をマヤがしっかりと評価してくれただけではなく、好意まで打ち明けられて舞い上がるようす。
オ　大会で優勝することだけではなく、メンバー一人ひとりのことをしっかりと見ているマヤに驚くようす。

問四　――線部③について、マヤがこういう態度を取ったのはなぜか。四十字以内で説明しなさい。

問五 ――線部④について、穣はどのような思いでいるのか。次の中から最も適当なものを一つ選び、記号で答えなさい。

ア 子供たちを悲しみに突き落とす震災への恐怖と何もできない自分の無力さを痛感してがく然とする思い。

イ 自分に好意を寄せるマヤが悲しむ姿はたえられないので、なんとかかける言葉を見つけ出そうとあせる思い。

ウ 自分たちだけで対応できる問題ではないが、今はマヤに寄り添《そ》うことだけでもしてあげたいという思い。

エ 子どもが悩《なや》み苦しむ社会は絶対に間違《ちが》っており、マヤに代わって大人たちに立ち向かっていこうという思い。

オ 泣いても解決できることではないし、自分自身が精神的に強くなるべきだとマヤに伝えたいという思い。

三　四季のある日本には、季節に関する年中行事や表現が数多くある。それらに関する各問いに答えなさい。（20点）

A　節分

節分とは文字通り、節（季節）の分かれ目のことで、本来は立春、立夏、立秋、立冬の前日を指します。しかし、現在では立春の前日のみをいうようになりました。

問一　「節分」の時期と同じ季節の俳句を次の中から一つ選び、記号で答えなさい。

ア　※　星野　立子

イ　土筆《つくし》煮《に》て飯食ふ《（う）》夜の台所　正岡　子規

ウ　筍《たけのこ》の光放つ《（っ）》てむかれけり　渡辺　水巴

エ　流れ行く大根の葉の早さかな　高浜　虚子

問二　問一の答えとなった俳句から、季語を答えなさい。

B　啓蟄《けいちつ》

「啓」は虫が土の中にこもること、「蟄」は戸を開くという意味で、寒さも和らぎ、虫たちが地上に這《は》い出してくる暖かい気候を表しています。

問三　「啓蟄」の時期と同じ季節の俳句を次の中から一つ選び、記号で答えなさい。

ア　通り雨朝顔市を濡《ぬ》らしけり　　辻　桃子

イ　※　　野風　さやか

ウ　卒業の兄と来てゐ《(い)》る堤《つつみ》かな　　芝　不器男

エ　犬の子やかくれんぼする門の松　　小林　一茶

※お詫び：著作権上の都合により、イの俳句は掲載しておりません。
ご不便をおかけし、誠に申し訳ございません。　教英出版

問四　問三の答えとなった俳句から切れ字を抜き出しなさい。

C　中秋の名月

旧暦《れき》八月十五日の夜には、月を愛《め》でながら、秋の収穫《かく》物を備えて感謝する十五夜（中秋の名月）の祭りが行われます。日本の秋は空気が澄《す》み、月が一番美しい季節でもあることから、今でも月見の行事は各地で行われています。

問五　「中秋の名月」と同じ季節の俳句を一つ選び、記号で答えなさい。

ア　七五三詣《まい》り合は《(わ)》して紋《もん》同じ　　高浜　虚子

イ　※　　岩崎　ふみ

ウ　霜《しも》なくて曇《くも》る八十八夜かな　　正岡　子規

エ　除夜の鐘幾《いく》谷こゆる雪の闇《やみ》　　飯田　蛇笏

※お詫び：著作権上の都合により、イの俳句は掲載しておりません。
ご不便をおかけし、誠に申し訳ございません。　教英出版

問六　問五の答えとなった俳句は何句切れの俳句か。次の中から最も適当なものを一つ選び、記号で答えなさい。

ア　初句切れ　　イ　二句切れ　　ウ　句切れなし

D　冬至《とうじ》

旧暦一年中で昼間が最も短く、夜が最も長い日で、旧暦では十一月の中頃、新暦では十二月二十一日頃にあたります。

問七　「冬至」と同じ季節の俳句を一つ選び、記号で答えなさい。

ア　［※］　岡田　四庵

イ　野ざらしを心に風のしむ身かな　松尾　芭蕉

ウ　夕立や砂に突き立つ青松葉　正岡　子規

エ　［※］　宗石みずえ

問八　次の俳句の鑑賞文の［A］～［C］に入る語を考えて、それぞれ答えなさい。

◇咳《せき》の子のなぞなぞあそびきりもなや　中村　汀女

子どもの言動を持て余しているものの、子を思う［A］が感じられる。

◇咳をしても一人　尾崎　放哉

咳《せ》きこんでも心配してくれる人がいない［B］をしみじみと詠《よ》みこんでいる。

◇雪とけて村一ぱいの子どもかな　小林　一茶

待ちに待った雪どけの日を迎えた子どもたちの［C］があふれている。

四 次の各問いに答えなさい。（15点）

問一 次の漢字の部首が表す意味を後から一つずつ選び、それぞれ記号で答えなさい。

（1）慣・情

（2）臓・肥

（3）祝・礼

ア 身体に関係するもの

イ 飲食に関係するもの

ウ 衣類に関係するもの

エ 神や祭事に関係するもの

オ 心に関するもの

問二 次の漢字には異なる二つの音がある。例にならってそれぞれの音を用いた熟語をつくり、漢字で答えなさい。

例 易（エキ・イ）… 貿易・難易

（1）物（ブツ・モツ）

（2）工（コウ・ク）

（3）定（テイ・ジョウ）

2023(R5) 岩田中
教英出版

受験番号			

２０２３年度

岩田中学校 入学試験問題

算 数

（６０分・１００点）

※受験上の注意（試験が始まるまでに読んでおいて下さい。）

１．「試験開始」の合図があるまで、この問題冊子を開いてはいけません。

２．解答用紙は、この問題冊子の中にはさみ込んであります。

３．問題用紙と解答用紙に、受験番号を必ず記入して下さい。

４．読みにくい字や図、途中で抜けているページがあった場合は、あわてずに静かに手をあげて、試験監督が来るのを待つこと。

５．「試験終了」の合図があったら、すみやかに解答するのをやめて、試験監督の指示にしたがって下さい。

６．この問題冊子は持ち帰ることはできません。机上においたままにして下さい。

岩田中学校・高等学校

1　次の□にあてはまる数を求めなさい。（２０点）

（1）　$52+(14-4\times 2)\div 3=\square$

（2）　$3\frac{1}{17}\div\frac{13}{34}\div 12=\square$

（3）　$31.4\times 1.5+3.14\times 5+0.314\times 300=\square$

（4）　$\frac{3}{4}-\frac{1}{3}\times\left(\square+\frac{1}{2}\right)=\frac{9}{20}$

（5）　①　800 mL ＋ □ dL ＝ 1 L

②　時速 18 km ＝ 秒速 □ m

２　次の各問いに答えなさい。（２０点）

（１）　下の図は，Ａさんの７月以外の１月から８月までの各月で映画を見た本数を表したものです。５月から８月までに見た映画の本数の平均が１月から４月までに見た映画の本数の平均より２本多いとき，７月に見た映画の本数は何本ですか。

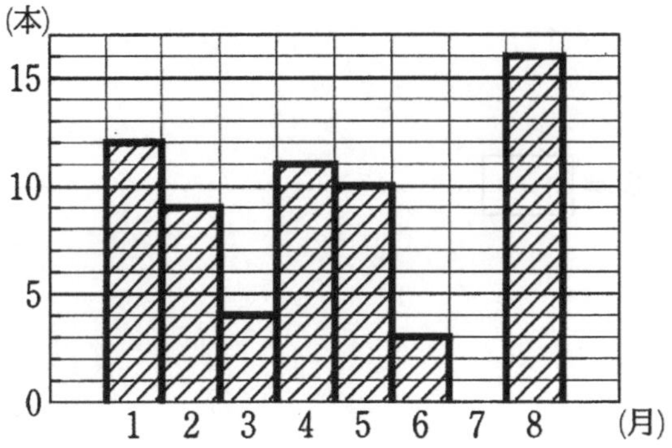

（２）　Ａさん，Ｂさん，Ｃさんの３人の所持金の比は最初５：６：７でしたが，ＣさんがＡさんに１８０円あげたため，３人の所持金の比は１９：１８：１７となりました。Ｃさんの最初の所持金は何円ですか。

(3)　３で割っても４で割っても２余る数のうち，２０２３に最も近い数を求めなさい。

(4)　１５％の食塩水３００ｇから何ｇの水を蒸発させると２０％の食塩水になりますか。

(5)　A，B，C，D，Eの５つの文字を左から並べてパスワードを設定しましたが忘れてしまい，下のメモを見て思い出しました。5文字のパスワードを左から並べて書きなさい。ただし，すべての文字を1回ずつ使っているものとします。

【メモ】

① AはBより左にあり，Cよりも右にある。
② DはCより右にあり，Aよりも左にある。
③ Eは左から３番目の文字である。

3　次の各問いに答えなさい。（２５点）

（1）　右の図のように，平行な直線の間に 1 組の三角定規を置きました。角 ア の大きさは何度ですか。

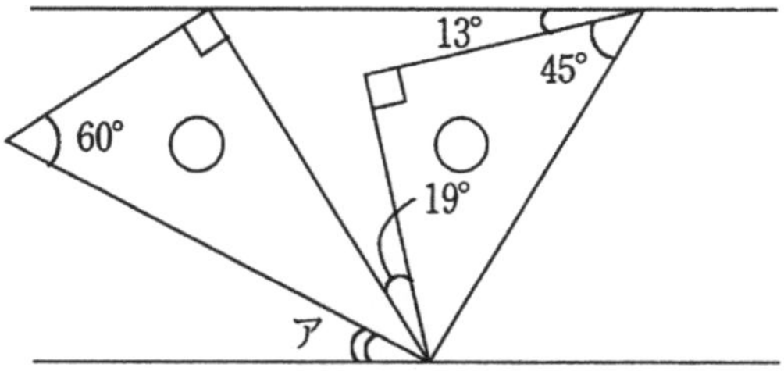

（2）　下の図は，たて線と横線を等間かくで 4 本ずつ引いた図形です。この図形において，四角形の個数から正方形の個数を引いた個数は何個ですか。

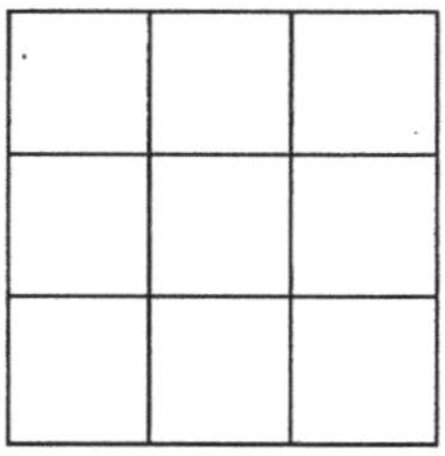

（3）　右の図は，直方体から三角柱を取り除いた立体です。この立体の体積を求めなさい。

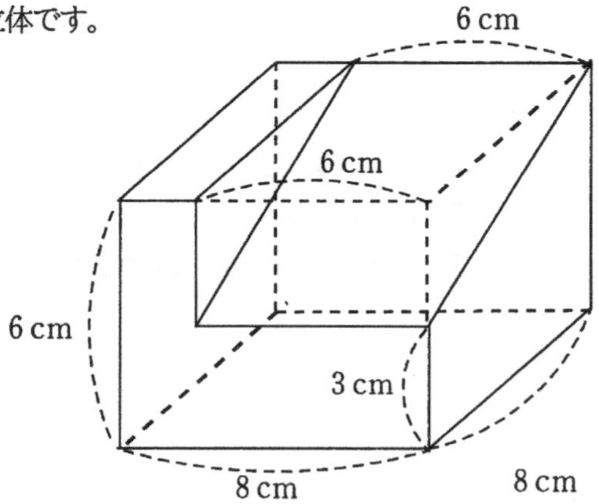

（４）　下の図のように，図形Ａと１辺が４ cm の正方形Ｂがあります。今，図の状態から図形Ａを毎秒１ cm の速さで矢印の方向に動かしました。時間と２つの図形Ａ，Ｂの重なった部分の面積との関係を解答用紙のグラフにかきなさい。ただし，解答用紙のグラフは 3 秒後までかいています。２つの図形Ａ，Ｂの重なった部分がなくなるまでグラフをかきなさい。定規は使用しなくてもよい。

図

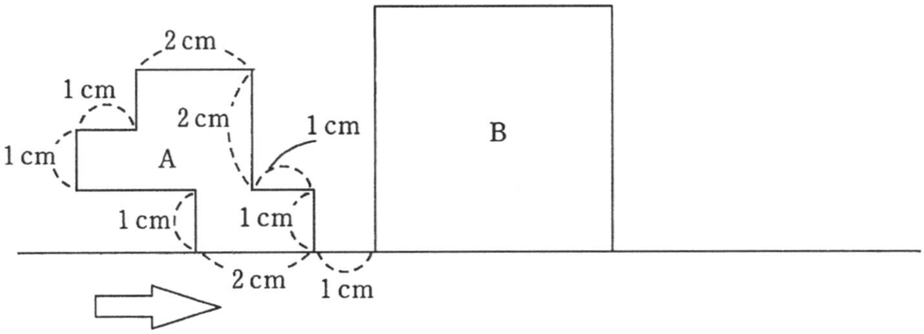

（５）　下の図は，直方体から円柱を取り除いた立体です。この立体の体積が８７２０ cm^3 になりました。この円柱の高さを求めなさい。ただし，円柱の底面の円の半径は１０ cm，円周率は３．１４とします。また，どのように求めたか分かるように計算式もかきなさい。

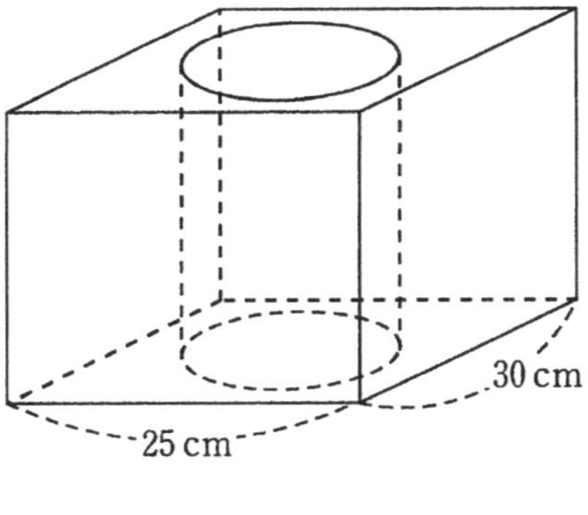

4　はじめに，１の数字のカードが１枚，２の数字のカードが２枚，３～１８の数字のカードがそれぞれ３枚ずつ，１９の数字のカードが２枚，２０の数字のカードが１枚の合計５４枚の手持ちのカードがあります。下の手順に従ってＡからＣまでの３か所にカードをつみ重ねて置きます。

B	A	C

<手順>

① Ａには手持ちのカードでもっとも小さい数のカードを置く。

② ＢにはＡに置いたカードの数字に１を加えた数字のカードを置く。

③ ＣにはＡに置いたカードの数字に２を加えた数字のカードを置く。

④ 手持ちのカードがなくなるまでくり返し①～③を行う。

次の問いに答えなさい。（１５点）

（１）　最初にＣに置いたカードの数字は３です。１０枚目にＣに置いたカードの数字は何ですか。

（２）　すべてのカードを置いたとき，Ｂに置かれたカードの数字の合計を求めなさい。

（3）　すべてのカードを置いたとき，Ａ，Ｂ，Ｃにはそれぞれ１８枚ずつのカードが積み重なっています。Ｂに置いた１枚目のカードの数字とＣに置いた１枚目のカードの数字の積を「1枚目のＢとＣの積」とします。下の計算をするといくつになるか求めなさい。

$$\frac{1}{\text{1枚目のBとCの積}} + \frac{1}{\text{2枚目のBとCの積}} + \cdots + \frac{1}{\text{18枚目のBとCの積}}$$

5　下の図のように，ペダルがついている歯車Ａと歯車Ｂがあります。ペダルを１回転すると同時に歯車Ａも1回転します。歯車Ｂは歯車Ａが回転することによって回転します。例えば，歯車Ａと歯車Ｂの歯の数がそれぞれ１０，２０のとき，ペダルを２回転させると歯車Ｂが１回転します。

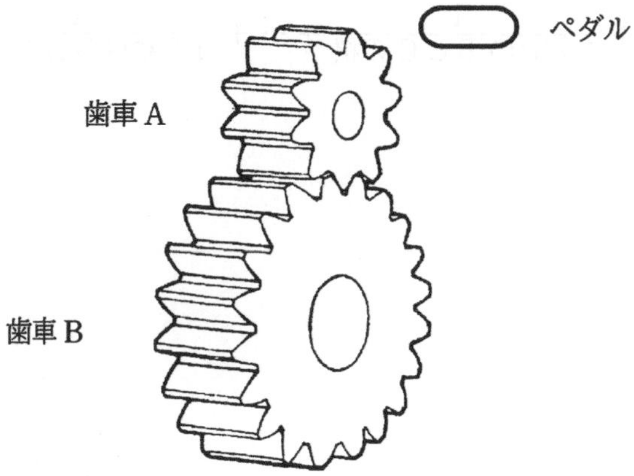

図

次の問いに答えなさい。（２０点）

（1）　歯車Ａの歯の数を２４，歯車Ｂの歯の数を３６とします。ペダルを１８０回転させると歯車Ｂは何回転しますか。

（2）　ペダルを５回転させると歯車Ｂが４回転するようにしたい。歯車Ａの歯数が３２のとき，歯車Ｂの歯の数はいくつですか。

(3)　歯車Aの歯数が36，歯車Bの歯数を45とする。歯車Bを100分で600回転するようにしたい。はじめに，ペダルを1分間に10回転させていましたが，途中《とちゅう》からペダルを1分間に5回転させました。ペダル1分間に10回転させたのは何分間ですか。

(4)　下の図のように3つの歯車D，E，Fがある場合を考えます。ペダルを1回転させると同時に歯車Dも1回転します。ペダルを40回転させると歯車Fが36回転するようにしたい。3つの歯車の歯数がそれぞれ60，72，80，84のいずれかであるとき，歯車Dと歯車Eと歯車Fの歯数はそれぞれいくつであるか考えられる組合せを1組答えなさい。

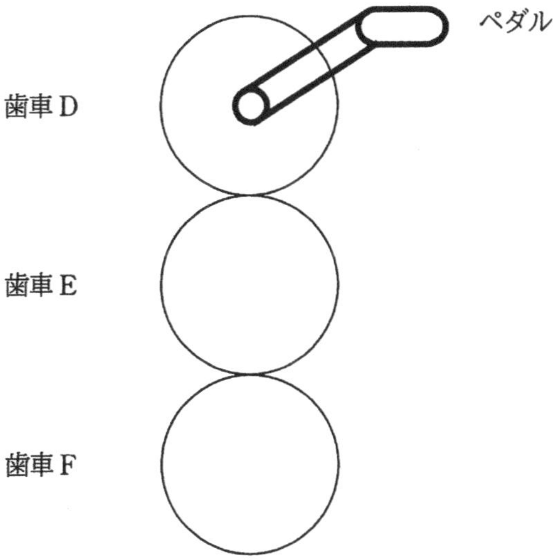

ードマップ）

掲載しておりません。

ざいません。

教英出版

大分市洪水ハザードマップ　避難編（避難を判断する、安全に避難する）より

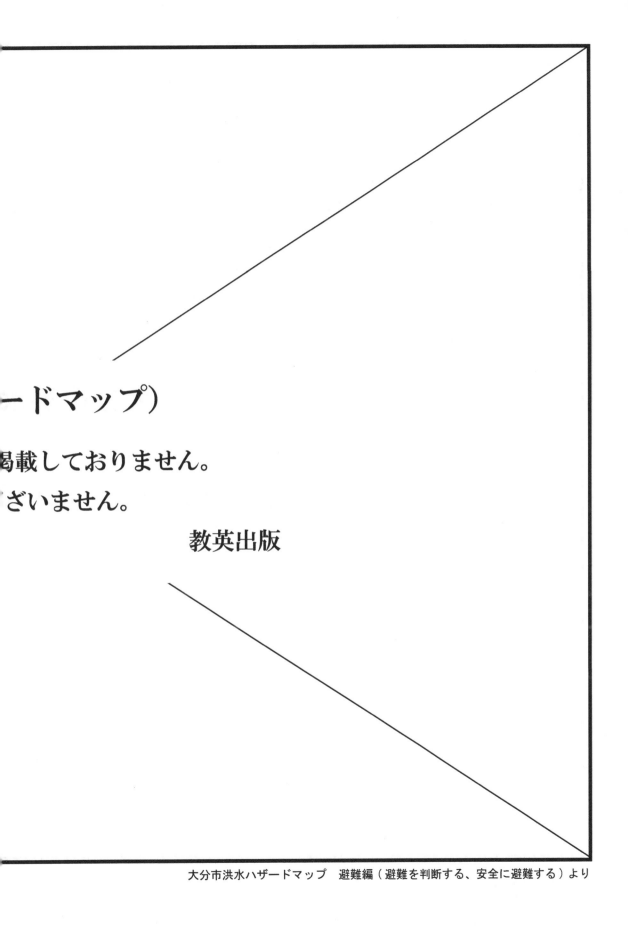

（大分市洪水

お詫び：著作権上の都合に

ご不便をおかけし， 誠に申

ードマップ）

掲載しておりません。

ざいません。

教英出版

大分市洪水ハザードマップ　準備編（ハザードマップを見る、正しい避難行動を知る）より

(大分市洪水

お詫び：著作権上の都合に

ご不便をおかけし， 誠に申

K 教英出版

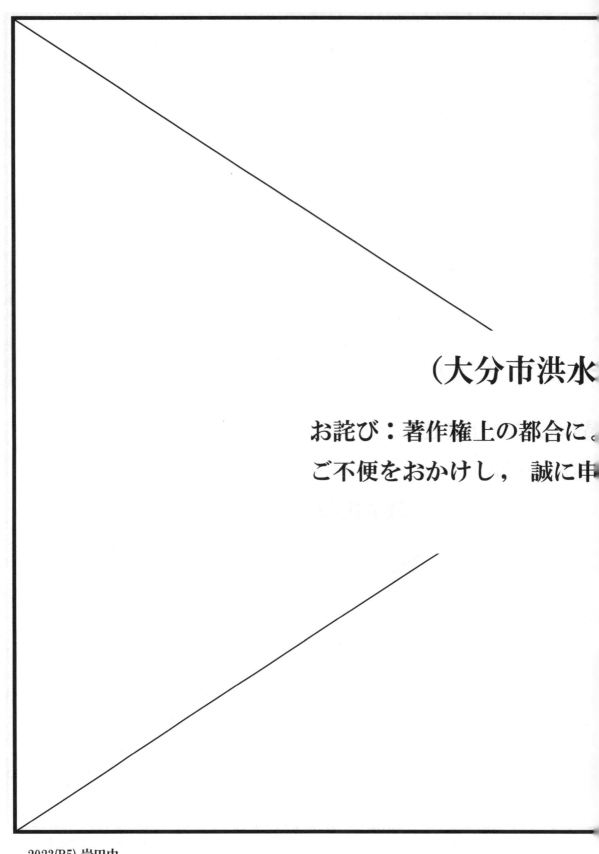

受験番号			

２０２３年度

岩田中学校 入学試験問題

理 科

（４０分・５０点）

※受験上の注意（試験が始まるまでに読んでおいて下さい。）

1．「試験開始」の合図があるまで、この問題冊子を開いてはいけません。
2．解答用紙は、この問題冊子の中にはさみ込んであります。
3．問題用紙と解答用紙に、受験番号を必ず記入して下さい。
4．読みにくい字や図、途中で抜けているページがあった場合は、あわてずに静かに手をあげて、試験監督が来るのを待つこと。
5．「試験終了」の合図があったら、すみやかに解答するのをやめて、試験監督の指示にしたがって下さい。
6．この問題冊子は持ち帰ることはできません。机上においたままにして下さい。

岩田中学校・高等学校

1　次の文章を読んで，後の各問いに答えなさい。（12点）

現在の地球は６つの大陸を海に浮《う》かべていますが，およそ３億年《おくねん》前では，すべての大陸はくっついていて，パンゲアと呼ばれる大きなひとつの大陸だったと考えられています。

ある頃《ころ》，地球の中心部の熱の作用から海底と大陸の下にある a **プレート**という硬《かた》い岩の層が動きだし，やがてパンゲアはいくつかの大陸に分かれていきました。

そして，パンゲアの一部であったインドは**図１**のように南極の近くから少しずつ北の方角へ動いていき，赤道を越《こ》えて今からおよそ5000万年前にユーラシア大陸とゆっくりとぶつかりました。

その後，b **図２のような流れで，海底のたいせき物が押し上げられてヒマラヤ山脈《さんみゃく》が誕生しました。**

世界でもっとも高いヒマラヤ山脈の c **エベレストの高さは8848m**です。山頂《さんちょう》付近のがけを観測するとしま模様が見られ，d **砂や泥《どろ》の層の他に，登山家がイエローバンドと呼んでいる黄色みをおびた層があります。**

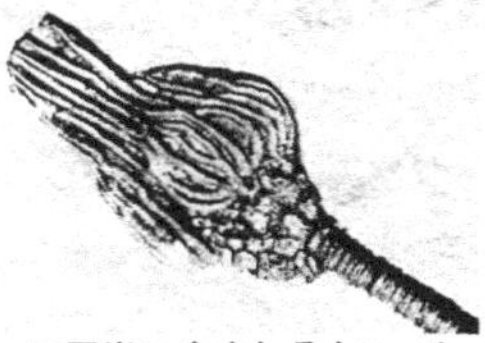
石灰岩に含まれるウミユリ

このイエローバンドの正体は，熱で変化した e **石灰岩《せっかいがん》**と呼ばれる岩石の層です。

この石灰岩には，ウニの仲間であるウミユリなどの f **生物の体が砂や泥などに埋もれて，何千年何万年という長い年月がかかって押し固められてできた**ものが多く含まれています。

以上，大陸の移動やヒマラヤ山脈について説明してきましたが，多くの科学者は大陸の分裂《ぶんれつ》と衝突《しょうとつ》の動きはまだ続いていて，今もヒマラヤ山脈などは高くなっていると考えています。

図1 大陸の移動

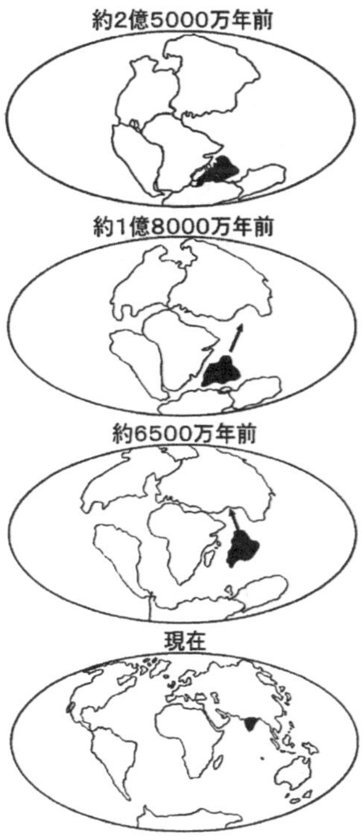

図2 ヒマラヤ山脈の誕生

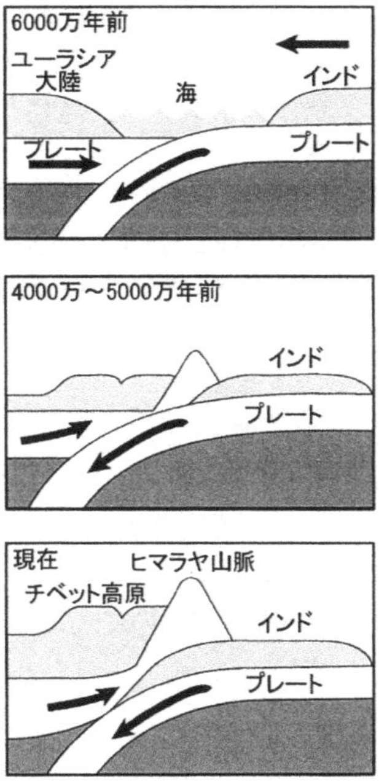

(1) **下線部 a** について，現在の日本付近には４つのプレートがぶつかりあっているので地震《じしん》が多く発生します。今後30年以内に高い確率で起こると予測されている南海トラフ地震では，高知県の広い地域で最大震度《しんど》6～7の地震が発生するといわれています。南海トラフ地震を引き起こす原因となる２つのプレートはどれですか。**図３**を参考に，次の(ア)～(オ)から正しいものを１つ選び，記号で答えなさい。

図3　日本付近のプレート

（図中の点線はプレートの境界線を示しています。）

(ア) ユーラシアプレートと北米《ほくべい》プレート
(イ) 北米プレートと太平洋プレート
(ウ) フィリピン海プレートと北米プレート
(エ) ユーラシアプレートとフィリピン海プレート
(オ) フィリピン海プレートと太平洋プレート

(2) **下線部 b** について，標高3000mを超えるような山ができる仕組みは他にもあります。それはどういう大地の活動によるものか答えなさい。

(3) **下線部 c** について，標高2800m地点の気温は16℃でした。標高が100m高くなるごとに0. 6℃下がるとして，エベレスト山頂付近の標高8800m地点の気温を求めなさい。ただし，０℃より５℃低い気温は－５℃(読み方は零下《れいか》５度，あるいはマイナス５度)と表します。

(4) **下線部 d** について，このようにいくつかの種類の岩石の層がかさなったものを何と言いますか。

(5) **下線部 e** について，石灰岩に塩酸を加えると気体が発生しました。この気体を石灰水にふきこむと白くにごりました。この気体は何ですか。次の(ア)～(エ)から正しいものを１つ選び，記号で答えなさい。

(ア) 水素
(イ) 酸素
(ウ) ちっ素
(エ) 二酸化炭素

(6) **下線部 f** について，このようにしてできたものを何といいますか。漢字２文字で答えなさい。

2　実験の説明を読んで，後の各問いに答えなさい。（12点）

だ液のはたらきによって，水にとかしたでんぷんが別のものに変わることを調べるため，次のような実験を行いました。まず，水でうすめたでんぷんを用意し，**試験管A〜F**にそれぞれ3mLずつ入れました。そのうち**試験管A**，**C**，**E**には水を1mLずつ入れ，**試験管B**，**D**，**F**には，だ液を水でうすめた液を1mLずつ加えました。その後，**試験管A**，**試験管B**は0℃の氷水につけ，**試験管C**，**試験管D**は36℃のぬるま湯につけました。また**試験管E**，**試験管F**は80℃のお湯につけました。そして，10分後にすべての試験管の中にヨウ素液を加えて，試験管内の色の変化を観察しました。

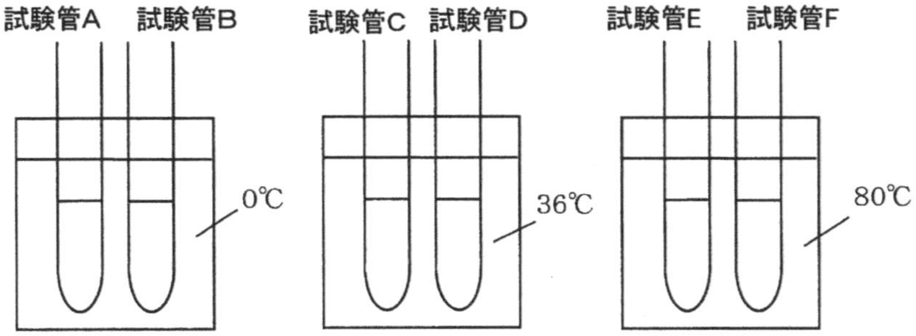

	試験管の中の液体	温度	試験管内の色
試験管A	水1mL	0℃	青紫色
試験管B	だ液をうすめた液1mL	0℃	青紫色
試験管C	水1mL	36℃	青紫色
試験管D	だ液をうすめた液1mL	36℃	うすい茶色
試験管E	水1mL	80℃	青紫色
試験管F	だ液をうすめた液1mL	80℃	青紫色

(1) **試験管C**と**試験管D**を比べると何がわかりますか。次の(ア)〜(エ)から1つ選び，記号で答えなさい。

（ア）水には，でんぷんを別のものに変える性質がある。
（イ）だ液には，でんぷんを別のものに変える性質がある。
（ウ）水とだ液の，どちらにもでんぷんを別のものに変える性質がある。
（エ）水とだ液の，どちらにもでんぷんを別のものに変える性質がない。

(2) **試験管B**，**D**，**F**を比べると何がわかりますか。次の(ア)〜(エ)から1つ選び，記号で答えなさい。

（ア）だ液は，どのような温度でもでんぷんを別のものに変える性質がある。
（イ）だ液は，どのような温度でもでんぷんを別のものに変える性質がない。
（ウ）だ液は，体温に近い温度であれば，でんぷんを別のものに変える性質がある。
（エ）だ液は，体温に近い温度であれば，でんぷんを別のものに変える性質がない。

(3) 別の実験をすることで，だ液のはたらきによって，でんぷんは体に吸収されやすい養分に分解されることがわかりました。このようなだ液のはたらきのことを何というか答えなさい。

(4) 右の図は人の体の中にある臓器を表した図である。このうち，食べ物が通る順番を図の①～⑥から選択し，（　　）の中に番号で答えなさい。

図

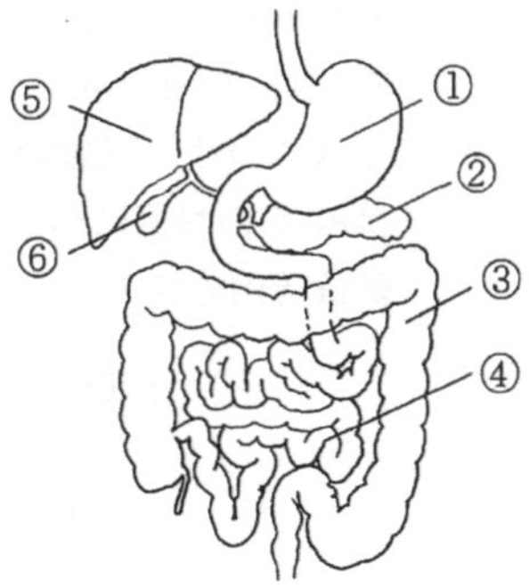

口→食道→（　　）→（　　）→（　　）→こう門

(5) 右の図のうち，(3)によって，できた養分を主に吸収する臓器はどれですか。図の①～⑥の中から１つ選び，その臓器の名前を答えなさい。

(6) 次の文の（　　）に入る言葉を答えなさい。

(5)の臓器で吸収された養分も酸素や二酸化炭素と同じように（　　）によって全身に運ばれます。

3 次の表は，水50gにとける食塩とミョウバンの量を示したものです。後の各問いに答えなさい。(13点)

水温(℃)	0	20	40	60
食塩(g)	17.8	17.9	18.2	18.5
ミョウバン(g)	2.9	5.7	11.9	28.7

(1) もののとけ方について，**まちがいのある文**はどれですか。次の(ア)～(エ)から1つ選び，記号で答えなさい。

(ア) 食塩が水に溶けると，無色とう明の水よう液になる。
(イ) ミョウバンは温度を上げると，とける量も増える。
(ウ) 食塩やミョウバンだけでなく，その他のものでも温度によってとける量は決まっている。
(エ) とけている食塩をたくさん取り出すには，なるべく水の温度を下げると良い。

(2) 次のうち，食塩がすべてとけている水よう液はどれですか。次の(ア)～(エ)から1つ選び，記号で答えなさい。ただし，水の温度は20℃とします。

(ア) 10gの食塩を水15gにとかした水よう液
(イ) 15gの食塩を水25gにとかした水よう液
(ウ) 20gの食塩を水50gにとかした水よう液
(エ) 50gの食塩を水200gにとかした水よう液

(3) とけ残った食塩を取り出すためにろ過を行いました。そのとき右の図のようにろ過をしました。次の文章のうち，**まちがいのある文**はどれですか。次の(ア)～(エ)から１つ選び，記号で答えなさい。

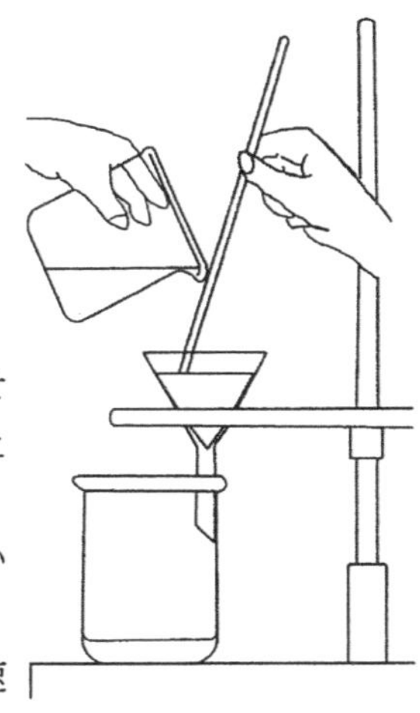

(ア) ろ過するときに使う紙をろ紙という。
(イ) ろ過する水よう液をろうとに注ぐとき，ガラス棒を伝わらせるのは，水よう液が飛び散らないようにおだやかに入れるためである。
(ウ) ろうとに水よう液を注ぐときは，何度もつぎ足す必要がないように，ろうとの上の方，ぎりぎりまで入れる。
(エ) ろうとの先の長い方をビーカーにつけるのはろ過の速さを速くするためである。

(4) ろ過によって出てきた食塩水を蒸発皿に入れ，ガスバーナーで加熱して水を完全に蒸発させました。次の文のうち，正しいものはどれですか。次の(ア)～(エ)から1つ選び，記号で答えなさい。

(ア) 蒸発皿には何も残らなかった。
(イ) 蒸発皿には白く小さなつぶが残った。
(ウ) 蒸発皿には黒くこげたつぶが残った。
(エ) 蒸発皿には白いねばり気のある液体が残った。

(5) 下の図のうち，ミョウバンの結しょうの形はどれですか。次の(ア)～(エ)から1つ選び，記号で答えなさい。

(ア)
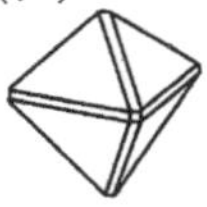
(イ)

(ウ)
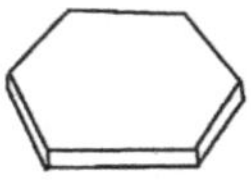
(エ)
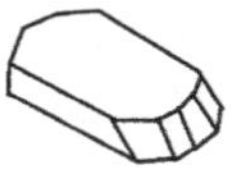

(6) 次のグラフは，水50gにとけたミョウバンの量を温度ごとに表したものです。このグラフを作るためにパソコンに数値を入力していましたが，誤って70℃のデータの入力を忘れてしまいました。その結果，グラフの一部がぬけた形になってしまいました。このとき，70℃の水50gにとけるミョウバンの量は何gになると考えられますか。次の(ア)～(エ)から1つ選び，記号で答えなさい。

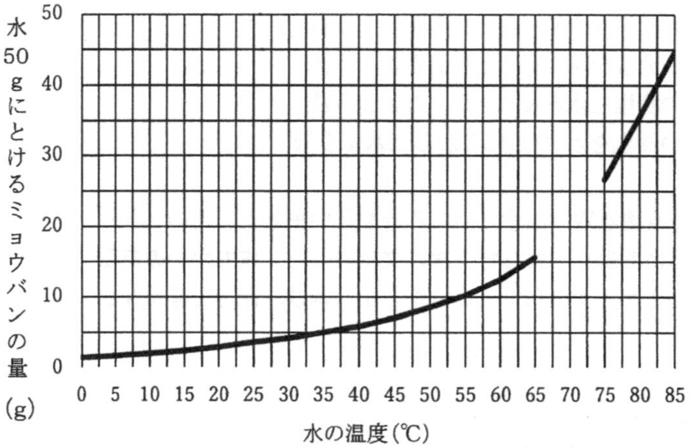

(ア) 20g　(イ) 22.5g　(ウ) 25g　(エ) 27.5g

(7) ミョウバン30gを60℃の水100gにとかしました。この水よう液を加熱して水の一部を蒸発させた後，20℃まで冷やし，水よう液の重さをはかったところ，20g軽くなっていました。このときミョウバンが少しとけ残っていました。このときミョウバンの水よう液部分の，こさは何%になりますか。小数第1位を四捨五入して整数で答えなさい。

4　実験の説明を読んで，後の各問いに答えなさい。(13点)

カーリングのストーンを使った実験を行います。カーリングはストーンと呼ばれる丸くて固い石を氷上《ひょうじょう》で滑らせ，相手と競い合うゲームです。ここではストーンをぶつけるのではなく，ストーンを使って様々な実験を行いました。実験で用いるストーンは競技用とは異なり実験用に円柱で作られたものを使用します。また，すべるときに縦や横に回転しないものとし，ストーンが氷上で受ける摩《ま》擦《さつ》の力は，ストーンを投げる速さと関係なく一定とします。

カーリング競技

実験用のストーン

(1)　ストーンの体積1 (cm^3) あたりの重さは2. 5(g)です。底面積が800 (cm^2) で高さ10 (cm)のストーンの場合，重さは何kgになるか求めなさい。

■実験1　図1のように，てんびんに1個の重さが10kgのストーンをつるしてつり合いを調べました。A～Kの 各区間の長さは同じで，支点はFです。

Aにストーンを3個つるし，Gに3個，Jに2個つるしました。このままではつり合いませんでした。使用するストーンの重さはすべて10kgで，使えるストーンは残り1個です。

図1

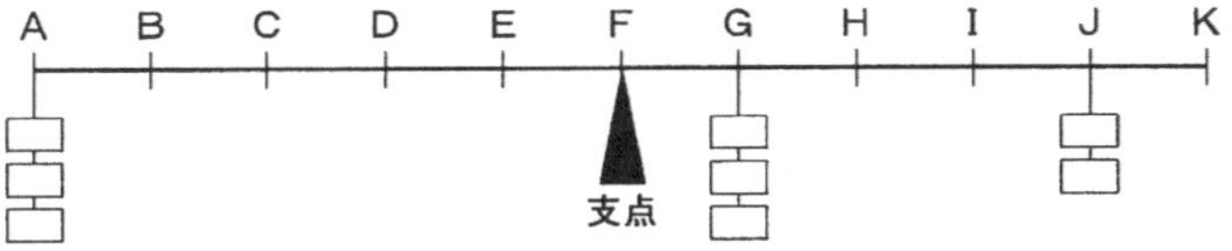

(2)　つり合わせるためには，残り1個をどの場所につるせばよいですか。正しい場所をA～Kから1つ選び，記号で答えなさい。

■実験2　図2のように，天井からつるしたひもに，重さ5kgのスト ーン を1つ付けたふり子を作り，左右に振《ふ》らせて往復時間を調べました。

実験結果から，ひもの長さと往復時間に関係があることが分かりました。

【実験結果】

ひもの長さ(m)	0. 5	1. 0	2. 0	4. 0	8. 0
往復する時間(秒)	1. 4	2. 0	2. 8	4. 0	5. 6

図2

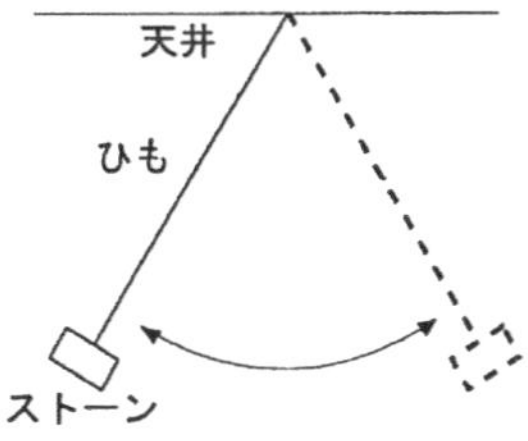

(3)　ひもの長さを16mにすると往復時間は何秒になるか求めなさい。

■実験3　摩擦のある水平な氷上で，重さが異なるストーンを同じ速さで投げて止まるまでの距離《きょり》を調べました。

ストーンの重さを５～30(kg)と変えながら，秒速４mの速さで投げて止まるまでの距離を調べると**図3**のようになりました。

■実験4　摩擦のある水平な氷上で，重さは同じで投げる速さを変えてストーンが止まるまでの距離を調べました。

ストーンを投げる速さを変えながら，投げて止まるまでの距離を調べると**図4**のようになりました。ストーンの重さは25(kg)とします。※の印は単位記号や用語の説明です。

図３

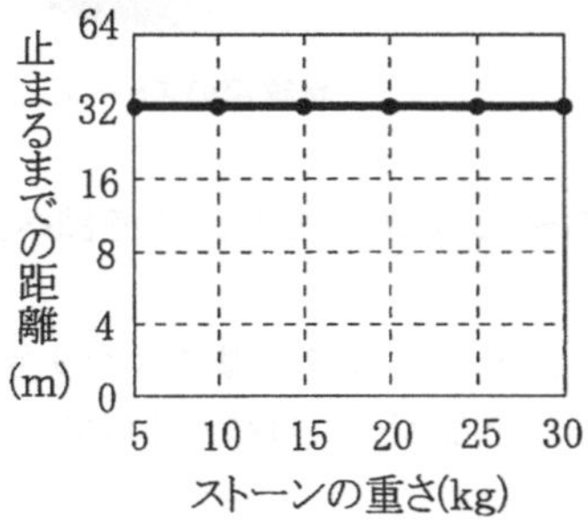

図４

速さ(m/s)	1	2	4	8	16
距離(m)	2	8	32	128	512

※速さの単位…『秒速2m』を『2(m/s)』と表します。

※距離…止まるまでの距離のことです。

(4)　**実験3**の結果(**図3**)より，ストーンの重さと止まるまでの距離にどういう関係がありますか。次の(ア)～(エ)から正しいものを１つ選び，記号で答えなさい。

(ア)　ストーンが軽くなると，止まるまでの距離が短くなる。
(イ)　ストーンが重くなると，止まるまでの距離が長くなる。
(ウ)　ストーンの重さの違いは，止まるまでの距離に関係しない。
(エ)　ストーンの重さの違いは，摩擦の力に関係しない。

(5)　**実験3と実験4**の結果(**図3，図4**)より，ストーンの重さを30(kg)，投げる速さを秒速６mにしたとき，投げてから止まるまでの距離を求めなさい。

受験番号			

２０２３年度

岩田中学校　入学試験問題

社　会

（４０分・５０点）

※受験上の注意（試験が始まるまでに読んでおいて下さい。）

1．「試験開始」の合図があるまで、この問題冊子を開いてはいけません。
2．解答用紙は、この問題冊子の中にはさみ込んであります。
3．問題用紙と解答用紙に、受験番号を必ず記入して下さい。
4．読みにくい字や図、途中で抜けているページがあった場合は、あわてずに静かに手をあげて、試験監督が来るのを待つこと。
5．「試験終了」の合図があったら、すみやかに解答するのをやめて、試験監督の指示にしたがって下さい。
6．この問題冊子は持ち帰ることはできません。机上においたままにして下さい。

岩田中学校・高等学校

1 次の表は日本の人口上位の都市（※東京都特別区を除く）と大分市に関する統計である。また、下の地図はそれぞれの都市の位置を示したものである。これについてあとの問いに答えなさい。（１１点）

※東京都特別区 … 東京都内の23の区からなる地域。「東京23区」とも言う。

人口順位	都市名	人口 2021 (人)	年間小売業商品販売額 2016 (億円)	製造品出荷額 2020 (億円)	年間輸出額 2020 (億円)	年間輸入額 2020 (億円)	X	Y	Z
①	A	3,775,352	34,756	39,269	58,200	40,459	1	3	12
②	大阪	2,750,835	39,423	35,747	38,087	38,087	1	1	12
③	B	2,325,916	29,565	32,969	104,138	43,160	1	1	14
④	C	1,973,329	20,247	5,896	24	160	1	1	15
⑤	福岡	1,619,585	17,504	5,823	28,109	9,948	1	1	13
⑥	川崎	1,540,340	9,846	40,828	8,939	18,198	0	1	6
⑦	神戸	1,517,073	16,572	34,211	49,017	30,018	0	1	13
⑧	D	1,453,956	16,500	24,620	—	—	0	1	29
⑨	E	1,332,196	11,939	8,892	—	—	0	2	3
⑩	F	1,196,222	12,560	31,008	11,789	3,444	1	1	14
㉜	大分	474,926	4,863	27,659	5,596	9,630	0	1	3

e-Stat 等より

問１．Ａ市・Ｃ市・Ｄ市はそれぞれ観光都市としても知られている。それぞれの都市の景観を示した写真を次のア～ウからそれぞれ選び、記号で答えなさい。

ア

イ

ウ

問２．Ｂ市は年間輸出額が最も多い。次の表は、日本の主な貿易港における2020年の輸出額の内訳を示したものである。Ｂ市に位置する貿易港にあたるものをア～エから選び、記号で答えなさい。

ア	1位:自動車(24.6%) 2位:自動車部品(16.6%) 3位:エンジン(4.1%) 4位:電気計測機器(3.4%)
イ	1位:半導体製造装置(8.4%) 2位:金(7.6%) 3位:科学光学機器(5.5%) 4位:電気計測機器(3.8%)
ウ	1位:自動車(28.7%) 2位:集積回路(26.9%) 3位:タイヤ・チューブ(3.6%) 4位:半導体製造装置(3.5%)
エ	1位:自動車部品(5.8%) 2位:半導体製造装置(5.2%) 3位:ｺﾝﾋﾟｭｰﾀ部品(5.1%) 4位:プラスチック(4.7%)

国勢図会より

問３．川崎市は、表中の大分市を除く他のどの都市と比べても年間小売業商品販売額が少なくなっている。この理由として考えられることを40字以内で書きなさい。

問４．Ａ～Ｅのうち、名前がひらがなの都市が１つある。これにあてはまるものを選び、記号で答えなさい。また、市名も書きなさい。

問５．Ｆ市内とその周辺には次の写真で示す２つの世界遺産がある。Ｆ市の名前を答えなさい。

問６．表中のＸ～Ｚは、それぞれ2022年における「その都市に本部を置く大学数」、「日本野球機構(NPB)に属するプロ野球球団数」、「Ｊリーグ(J1～J3)に加盟するサッカークラブ数」を示している。正しい組み合わせを次のア～カから選び、記号で答えなさい。

	ア	イ	ウ	エ	オ	カ
X	大学数	大学数	プロ野球球団数	プロ野球球団数	Jリーグクラブ数	Jリーグクラブ数
Y	プロ野球球団数	Jリーグクラブ数	大学数	Jリーグクラブ数	大学数	プロ野球球団数
Z	Jリーグクラブ数	プロ野球球団数	Jリーグクラブ数	大学数	プロ野球球団数	大学数

[2] 災害に関するあとの問いに答えなさい。（９点）

問１．次の図は大分市の岩田学園を含む地域の洪水ハザードマップである。ここから読み取れることがらとして正しい文をあとのア～エから１つ選び、記号で答えなさい。

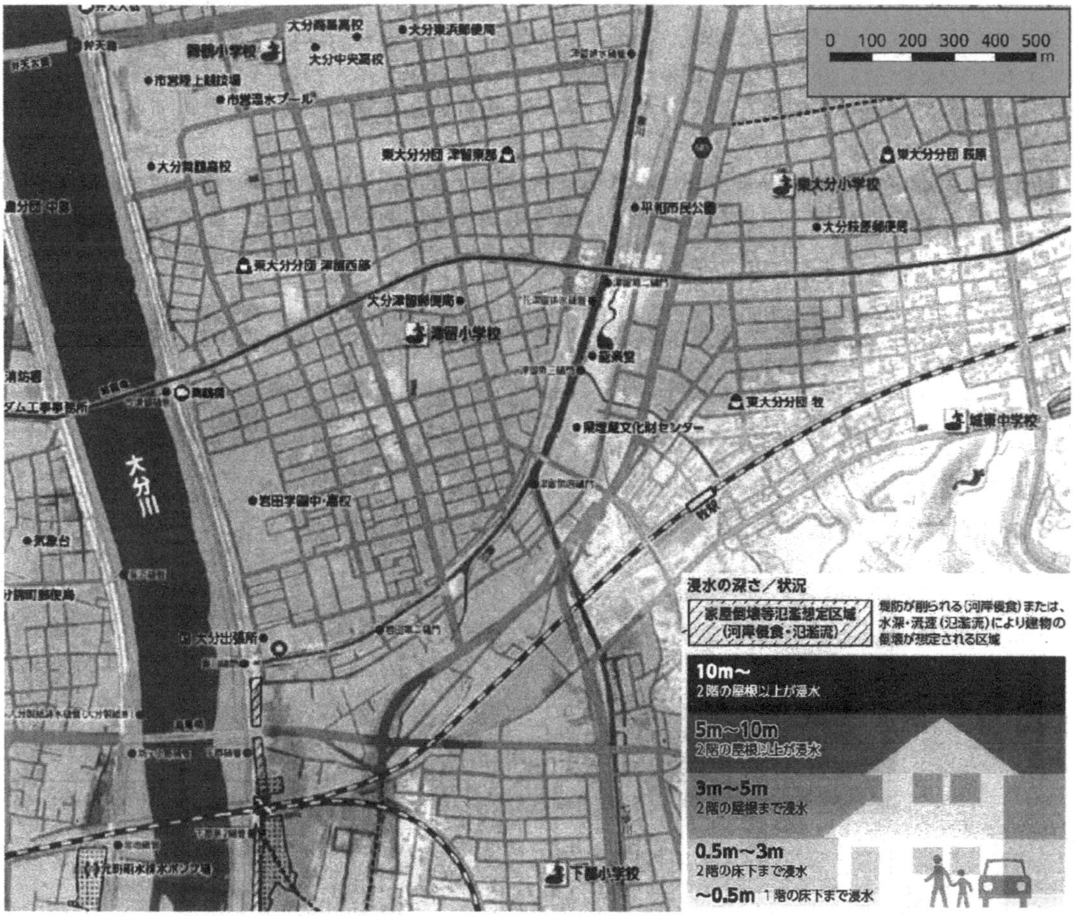

ア．この地図の範囲で浸水の深さが５ｍに達する区域は見られない。

イ．この地図の範囲で浸水の深さが３ｍとなった場合は、すべての小学校が浸水区域に含まれる。

ウ．東大分小学校から城東中学校へ避難する際には、川を渡らないルートを取ることはできない。

エ．岩田学園から城東中学校まで避難するには、時速５㎞で歩いたとして10分以内で到着できる。

問２．近年、日本国内で増えている水害を防ぐために行われている取り組みについて述べた文として**適当でないもの**を次のア～エから１つ選び、記号で答えなさい。

ア．川の水が増えたとき、一時的に水をためておくための調整池を確保する。
イ．川の流れをできるだけまっすぐに近づけて、水が流れやすいようにする。
ウ．空き地や公園などをできるだけ舗《ほ》装《そう》して、雨水が水路や川に流れ込みやすくする。
エ．盛り土をして宅地を高くしたり、高い床を用いた建物に建てかえたりする。

問３．次の図は、2022年の７月19日の未明に大分県付近で発生した雨雲の様子を示したものである。図中の ◯ で囲まれた地域では強い雨が降る紫色や赤色で示される厚い雨雲が東西に長く伸びていることがわかる。このような雨雲の帯を何と呼ぶか、答えなさい。

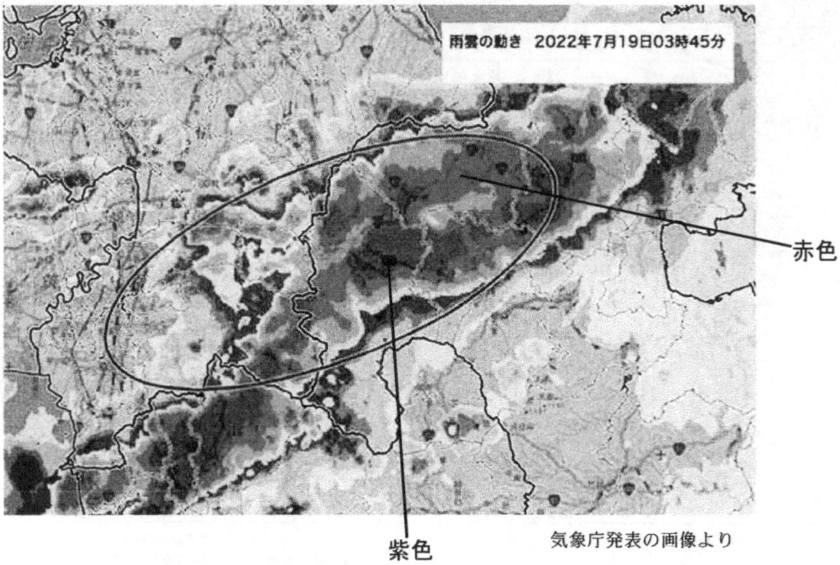

気象庁発表の画像より

問４．次のページの図は、一昨年の５月に変更された、水害発生時の避難警戒《けいかい》レベルを示したものである。これについて述べた文として**適当でないもの**を次のア～エから１つ選び、記号で答えなさい。

ア．「緊急安全確保」が出される前に、すべての人が避難することが求められる。
イ．災害の発生が確認された場合は、必ず「緊急安全確保」が出される。
ウ．避難に時間がかかると考えられる人は、「避難指示」が出される前に避難することが求められる。
エ．これまでの「避難勧告」は新たに「避難指示」に置きかえられた。

令和3年5月20日から

警戒レベル4 **避難指示《ひなんしじ》で必ず避難**

避難勧告《ひなんかんこく》は廃止です

警戒レベル		新たな避難情報等	これまでの避難情報等
5		緊急安全確保《きんきゅうあんぜんかくほ》※1	災害発生情報 （発生を確認したときに発令）
〜〜〜<警戒レベル4までに必ず避難！>〜〜〜			
4		避難指示《ひなんしじ》※2	・避難指示（緊急） ・避難勧告
3		高齢者等避難《こうれいしゃとうひなん》※3	避難準備・ 高齢者等避難開始
2		大雨・洪水・高潮注意報 （気象庁）	大雨・洪水・高潮注意報 （気象庁）
1		早期注意情報 （気象庁）	早期注意情報 （気象庁）

※1 市町村が災害の状況を確実に把握できるものではない等の理由から、警戒レベル5は必ず発令される情報ではありません。

※2 避難指示は、これまでの避難勧告のタイミングで発令されることになります。

※3 警戒レベル3は、高齢者等以外の人も必要に応じ普段の行動を見合わせ始めたり、避難の準備をしたり、危険を感じたら自主的に避難するタイミングです。

警戒レベル5は、
すでに安全な避難ができず
命が危険な状況です。
警戒レベル5緊急安全確保の
発令を待ってはいけません！

避難勧告は廃止されます。
これからは、
警戒レベル4避難指示で
危険な場所から全員避難
しましょう。

避難に時間のかかる
高齢者や障害のある人は、
警戒レベル3高齢者等避難で
危険な場所から避難
しましょう。

内閣府（防災担当）・消防庁

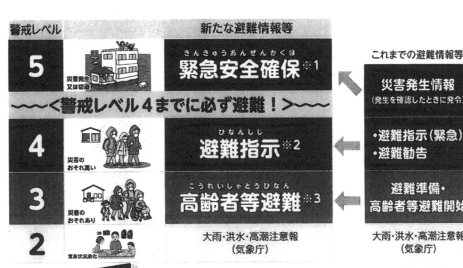

問５．政府や各自治体は、水害・土砂災害の危険があるにもかかわらず立ち退き避難ができなかった人に対して「垂直避難」をすすめている。これはどのようなものか、説明しなさい。

問６．日本ではこれまで多くの水害を経験してきたが、これは国土全体で降水量が多いことが理由の１つとなっている。しかし降水量が多いことは同時に、人々に恩恵《おんけい》をもたらす場合もある。日本において、降水量が多いことによる恩恵を受けている産業を１つ挙げ、どのように恩恵を受けているか説明しなさい。

二〇二三年度　岩田中学校　入学試験　国語科　解答用紙

一

問一　a　b（れ）　c　d　e

問二　A　B　C　D

問三　ア　イ　ウ　エ　オ　カ

問四　a　b　c　d　e

問五　～

問六

問七

問一.　1点×5
問二.　1点×4
問三.　1点×6
問四.　2点×5
問五.　3点
問六.　2点
問七.　8点

問一　A　B　C　D　E

問二　とマヤは考えている。

問一.　1点×5
問二.　8点
問三.　3点
問四.　8点
問五.　3点

（２）	個	（４）	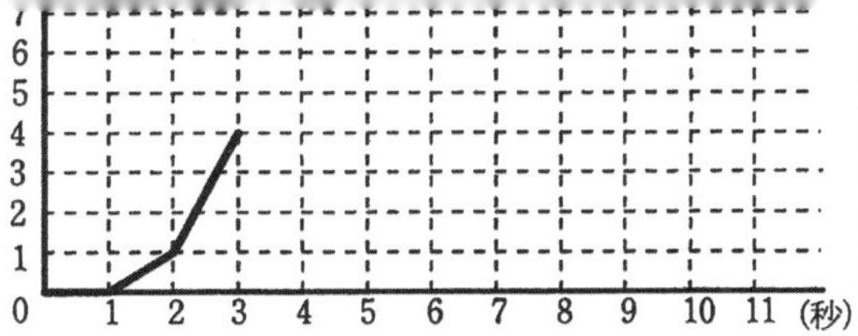
（３）	cm^3		
（５）			

［　　　　点］

4

（１）		（２）	
（３）			

［　　　　点］

5

（１）	回転	（２）			
（３）	分間	（４）	歯車Ｄ	歯車Ｅ	歯車Ｆ

［　　　　点］

3

(1)		(2)		(3)	
(4)		(5)		(6)	
(7)					

（　　　点）

4

(1)	kg	(2)		(3)	秒
(4)		(5)	m		

（　　　点）

問7									
問8		問9							
問10									
問11		問12		問13		問14		問15	
問16		問17							

（　　　点）

4

問1		問2					
問3							
問4		問5		問6		問7	
問8							

（　　　点）

受験番号			

2023年度　岩田中学校　入学試験　社会科　解答用紙

（　　点）

※50点満点

1

問1	A市		C市		D市		問2	
問3								
問4	記号		市名		問5		問6	

（　　点）

2

問1		問2		問3		問4	
問5							
問6							

（　　点）

3

問1		問2		問3		問4		問5	

【解答

受験番号			

2023年度　岩田中学校　入学試験　理　科　解答用紙

（　　　点）

※50点満点

1

(1)		(2)		(3)	℃
(4)		(5)		(6)	

（　　　点）

2

(1)			(2)		(3)	
(4)	口→食道→（　　　）→（　　　）→（　　　）→こう門					
(5)	記号		名前		(6)	

（　　　点）

【解答

受験番号			

2023年度　岩田中学校　入学試験　算数科　解答用紙

点

※100点満点

1

(1)			(2)	
(3)			(4)	
(5)	①		②	

点

2

(1)	本	(2)	円
(3)		(4)	g
(5)			

点

【解答

受験番号

問四
問五

三

問一
問二
問三
問四
問五
問六
問七
問八 A B C

2点×10

四

問一 (1) (2) (3)
問二 (1) (2) (3)

問一．１点×３
問二．２点×６

一 点
二 点
三 点
四 点
合計 点

※100点満点

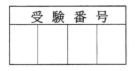

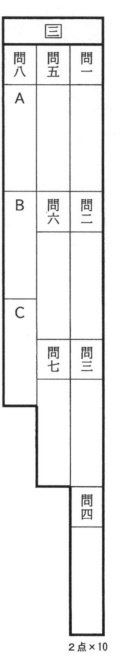

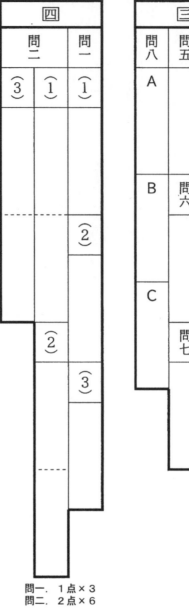

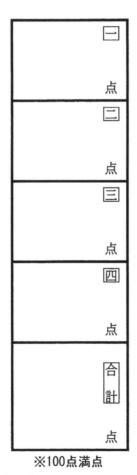

3 次の会話文A～Cを読み、あとの問いに答えなさい。（２０点）

Ａ．

先生：大分市の昔の様子が知りたければ、大分市歴史資料館に行けば、様々なことがわかるよ。

太郎：私、行ったことがあります。たくさんの①土器や石器が展示されていました。

花子：私も行ったことがあります。②古墳の内部の実物大模型がありました。歴史資料館のある場所は、奈良時代に豊後の国分寺があった場所だったのですよね。

先生：その通りです。大分もそうですが、③仏教が広まってから、各地で盛んに寺院がつくられました。平安時代に活躍した④藤原氏も寺院を建てました。

問１．下線部①について、縄文土器が使用されていた時代の説明として正しいものを次のア～エから１つ選び、記号で答えなさい。

ア．人々はナウマンゾウをつかまえて食べていた。
イ．代表的な遺跡に青森県の三内丸山遺跡がある。
ウ．石包丁や木製の田げたなどを使用した。
エ．まわりを囲む深いほりや木のさくなどで集落を守った。

問２．下線部②について、古墳の説明として**適当でないもの**を次のア～エから１つ選び、記号で答えなさい。

ア．円墳・方墳・前方後円墳などの形がある。
イ．最大の古墳は大阪府にある大仙（仁徳陵）古墳である。
ウ．古墳のまわりには、はにわがならべられた。
エ．古墳からは、黒曜石や動物の角や骨でつくられた道具が出土する。

問３．下線部③について、以下の文ａ・ｂの正誤の組合せとして正しいものを次のア～エから１つ選び、記号で答えなさい。

ａ．聖武天皇が東大寺を建立しました。
ｂ．鑑真は危険をおかして中国に渡って仏教を学びました。

ア．両方とも正しい。
イ．ａのみ正しい。
ウ．ｂのみ正しい。
エ．両方とも誤っている。

問４．下線部④について、この説明として正しいものを次のア～エから１つ選び、記号で答えなさい。

ア．むすめを天皇のきさきとし、天皇にかわって政治を進めた。
イ．役人の心得をしめす十七条の憲法をつくった。
ウ．都に書院造の広大なやしきをつくって生活した。
エ．藤原氏が使用した琵琶やガラスのおわんなどは正倉院におさめられている。

B．

先生：南蛮 BVNGO 交流館は、鎌倉時代から豊後の国の⑤守護だった大友氏の屋敷があった場所につくられました。鎌倉時代、将軍の家来となった武士は御家人とよばれ、大友氏も御家人でした。⑥元寇の時も活躍しました。しかし元寇の時、幕府は御家人たちに、⑦新しい領地を与えることができませんでした。

太郎：それだと、御家人たちは不満ですね。

先生：不満をもつ御家人たちが鎌倉幕府を倒し、足利氏が室町幕府を開きました。

花子：室町幕府は京都にあるのですよね。

先生：その通りです。京都で⑧新しい文化が花開きました。

太郎：その後、戦国時代になるのですよね。

先生：戦国時代、大分では大友宗麟が活躍しました。⑨キリスト教を広め、南蛮貿易をすすめ、九州の北部６カ国の守護の位につきました。南蛮人の中には、九州北部をすべて豊後（BVNGO）だと思っていた人もいました。大友氏はやがて、⑩豊臣秀吉の家来になりますが、取りつぶしにあいました。その後、別の大名が、新たに府内城を築きます。江戸時代、幕府は⑪様々な決まりをつくって支配をかためました。そのもとで、⑫文化や学問が花開きました。

問５．下線部⑤に関して、守護と同時に全国の私有地におかれ、税（ねんぐ）の取り立てをおこなった役職を何というか、答えなさい。

問６．下線部⑥について、この時、幕府の政治をおこなっていた執権の人物名を答えなさい。

問７．下線部⑦について、幕府はなぜ、活躍した御家人たちに新しい領地を与えることができなかったのか、説明しなさい。

問８．下線部⑧について、下の写真の建物を作った人物と、建物の名の組み合わせとして正しいものを、次のア～エから１つ選び、記号で答えなさい。

ア．足利義満　－　金閣　　　イ．足利義満　－　銀閣

ウ．足利義政　－　金閣　　　エ．足利義政　－　銀閣

問９．下線部⑨について、1549年に日本を訪れ、その後キリスト教を広めたスペイン人宣教師の名を答えなさい。

問10．下線部⑩について、この人物は農民が武士にならないようするためにどのようなことをおこなったのか。「武器」という語を必ず用いて、説明しなさい。

問11. 下線部⑪について、幕府が大名を支配するために定めた決まりで、参勤交代の制度などが書かれているものを何というか、答えなさい。

問12. 下線部⑫について、近松門左衛門の説明として正しいものを次のア～エから１つ選び、記号で答えなさい。

ア. 町人の苦しみや悲しみをしばいの台本にえがいた。
イ. 『東海道五十三次』という浮世絵を完成させた。
ウ. 国学の有名な学者で『古事記伝』を書き上げた。
エ. 全国を測量して、はじめて正確な日本地図をつくった。

C.

先生：江戸時代が終わり⑬明治時代になって、大分県が誕生しました。
花子：岩田学園もこの時代にできたのですよね。はじめは⑭女子校だったそうですね。
先生：⑮日清戦争に勝利した後の1900年に大分裁縫伝習所《さいほうでんしゅうじょ》として開校しました。場所は、現在の大分地方裁判所のあたりです。⑯太平洋戦争で空襲にあった後に、もと海軍の施設があった現在地に引っ越しました。そして今年度は⑰岩田中学校が設立されて40周年です。
太郎：岩田学園には長い歴史があるのですね。

問13. 下線部⑬について、以下の文ａ・ｂの正誤の組合せとして正しいものを次のア～エから１つ選び、記号で答えなさい。

ａ. 明治時代になって大名が廃止されただけでなく、士農工商の身分もなくなりました。
ｂ. 群馬県の富岡製糸場や福岡県の八幡製鉄所などの民間の工場が多数設立されて、産業が盛んになるとともに、公害も発生しました。

ア. 両方とも正しい。
イ. ａのみ正しい。
ウ. ｂのみ正しい。
エ. 両方とも誤っている。

問14. 下線部⑭に関して、７歳で岩倉使節団に参加してアメリカにわたって勉強し、帰国後、女子の教育に力をそそいだ人物を次のア～エから１つ選び、記号で答えなさい。

ア. 樋口一葉　　イ. 平塚らいてう　　ウ. 津田梅子　　エ. 与謝野晶子

問15. 下線部⑮について、日清戦争終了後から日露戦争開始までの出来事を次のア～エから１つ選び、記号で答えなさい。

ア. ノルマントン号事件がおこる。
イ. 八幡製鉄所が完成する。
ウ. 全国水平社が結成される。
エ. 男子のみによる普通選挙制度が実現する。

問16. 下線部⑯について、この説明として**適当でないもの**を次のア～エから１つ選び、記号で答えなさい。

ア. 戦争中でも大学生は勉学がしょうれいされた。
イ. さとうや米などの生活必需品は配給制や切符制となった。
ウ. 沖縄戦では集団自決した人も多数いた。
エ. 1945年の８月には広島や長崎に原爆が投下された。

問17. 下線部⑰に関して、40年とはどれくらいの長さですか、次のア～エから最も近いものを１つ選び、記号で答えなさい。

ア. 新橋・横浜間に鉄道が開通してから、東海道新幹線が開通するまで。
イ. 日露戦争の勝利から、太平洋戦争終了まで。
ウ. 沖縄の米軍統治が終了してから、現在まで。
エ. 昭和の東京オリンピックから、令和の東京オリンピックまで。

4 次の文章を読み、あとの問いに答えなさい。（１０点）

A　1946年11月３日、日本国憲法公布記念式典が行われた国会議事堂の正門前に、大勢の人が集まりました。こうした憲法の公布を祝う集会が、全国各地で開かれました。現在では、施行日の５月３日とともに、公布日の11月３日も「(　①　）の日」として国民の祝日とされています。

B　各都道府県や市（区）町村は（　②　）ともよばれ、国と分担していろいろな仕組みを整え、住民の豊かな生活のために政治を行います。（　②　）などがつくる図書館や美術館などの施設では、施設内の段差などを少なくしています。このように（　②　）などは、③ユニバーサルデザインを取り入れた、安心・安全・快適に暮らせる住みやすいまちづくりを進めています。

C　ロシアが（　④　）に侵攻を開始したことを受けて、（　④　）のゼレンスキー大統領はロシアとの国交断絶を発表して、（　④　）全土に戒厳令および総動員令を発令しました。

D　日本は自然災害の多い国で、毎年のように各地で地震や台風、集中豪雨などの災害がおこっています。災害がおこった時には、まずは災害対策基本法にもとづいて、災害対策本部が設置されます。人命救助を第一にしながら、被害状況の確認や避難所の開設などが行われ、警察や消防などが対応できない場合は、（　②　）が政府に（　⑤　）の災害派遣要請を出すこともあります。

E　国民主権や⑥基本的人権ができる過程として、今から約250年前に、アメリカは（　⑦　）から独立を宣言する文書のなかで、国は国民の同意がなければ権力をふるうことができないという考えを打ち出しました。

問１．文中の（　①　）にあてはまる語句を答えなさい。

問２．文中の（　②　）にあてはまる語句を答えなさい。

問３．下線部③のユニバーサルデザインとはどのようなものか、かんたんに説明しなさい。

問４．文中の（　④　）にあてはまる国の場所を、次の地図中からア～エから１つ選び、記号で答えなさい。

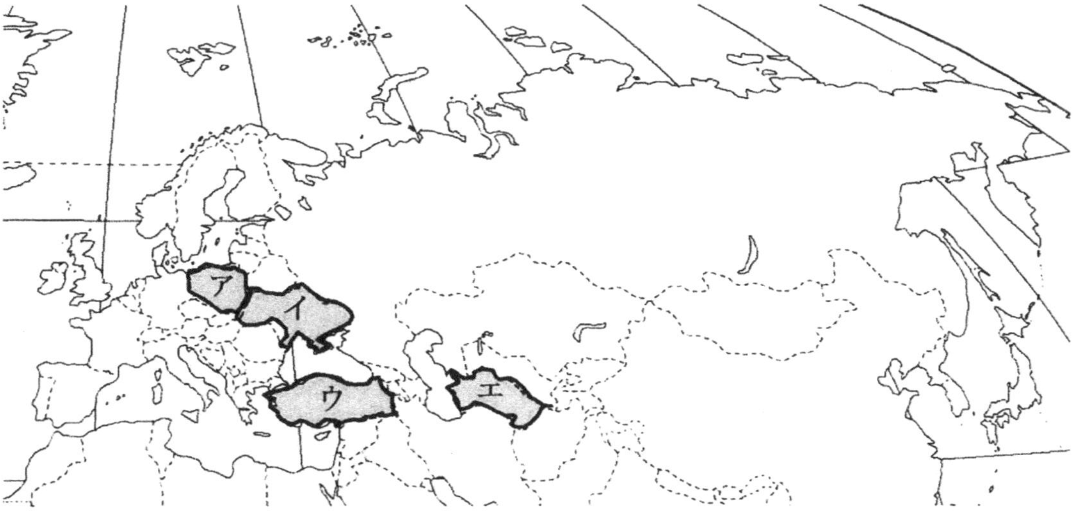

問５．文中の（　⑤　）にあてはまる語句を答えなさい。

問６．下線部⑥に関連して、子どもは、社会のなかで、一人の人間として認められ、平和・尊厳・自由・平等・連帯の精神のもとで育てられなければならないとして、1989年に国連で採択され、日本も1994年に承認した条約名を答えなさい。

問７．文中の（　⑦　）にあてはまる国名を次のア～エから１つ選び、記号で答えなさい。

ア．ドイツ　　イ．フランス　　ウ．イギリス　　エ．オランダ

問８．2022年の世界のできごとについて述べた次の文ア～エのうち、下線部が**適当でないもの**を次の中から１つ選び、記号で答えなさい。

ア．２月、第24回オリンピック冬季競技大会が中国のペキンで行われ、日本選手団は選手・監督・コーチなど合計260名で編成されました。
イ．５月、フィンランドとスウェーデンは、ＮＡＴＯへの加盟をそれぞれ申請し、ＮＡＴＯは翌月に開催した首脳会議で、両国の加盟に合意しました。
ウ．６月、国連総会において日本が安全保障理事会の常任理事国に選出され、これは国連加盟以来12回目となり、国連加盟国中最多になりました。
エ．９月、イギリスのエリザベス女王がなくなったことを受けて、長男のチャールズ皇太子が新国王として即位しました。

2023(R5) 岩田中
K 教英出版

受験番号			

２０２２年度

岩田中学校 入学試験問題

国 語

（６０分・１００点）

※受験上の注意（試験が始まるまでに読んでおいて下さい。）

１．「試験開始」の合図があるまで、この問題冊子を開いてはいけません。
２．解答用紙は、この問題冊子の中にはさみ込んであります。
３．問題用紙と解答用紙に、受験番号を必ず記入して下さい。
４．読みにくい字や図、途中で抜けているページがあった場合は、あわてずに静かに手をあげて、試験監督が来るのを待つこと。
５．「試験終了」の合図があったら、すみやかに解答するのをやめて、試験監督の指示にしたがって下さい。
６．この問題冊子は持ち帰ることはできません。机上においたままにして下さい。

岩田中学校・高等学校

2022(R4) 岩田中
教英出版

二　次の文章を読んで、後の問いに答えなさい。（計39点）

【文章1】

工学の分野に身を置いたことがあるなら、ドラえもんの道具を作りたいと思ったことがある人は多いでしょう。

工学は、人に便利を提供することによって暮らしを豊かにすることを目指しているのだと、私は思っていました。そして、ドラえもんの道具はどれも、普通《ふつう》に考えれば便利です。「タケコプター」や「ほんやくコンニャク」ができれば、楽しそうですね。

工学畑が、そういう便利なものをデザインしては作る、最先端《さいせんたん》をａ担ってきました。近年、第三次ＡＩブームとともに、「便利」に［Ａ］がかかっているようです。

ところで、ＡＩとは人工的に作った（artificial な、自然ではない、紛《まが》い物の）知能(intelligence)という意味です。そのｂゼンテイで素朴《そぼく》に考えれば、人や動物にしかできない「知的」な作業だと思われていたことができるようになった機械は、「人工知能」と呼んで良さそうです。

①そう考えると、足し算や引き算などはほかの動物にも真似《まね》できない人間の知的活動なので、それができるコンピュータも人工知能と呼ばれねばなりません。

ところがそうなると、ＡＩというのは特別なものではなく、そこかしこに転がっているものになります。電卓《でんたく》を見て「こいつ、ＡＩを搭載《とうさい》してるぞ」というのも、何か違《ちが》う気がします。

ＩｏＴ（Internet of Things）の時代、全てのモノがネットにつながるようになる時、そのモノにはネットにつなぐためのチップがｃナイゾウされ、そのチップはもちろん最も基本的な演算である加算減算はできます。そうなると、全てのモノをＡＩ搭載と呼ばねばならないのでしょうか？　やはり、②違う気がします。

そこで、ＡＩの教科書で調べてみると、ＡＩ研究は概《おおむ》ね以下の２つを目的としていると定義されました。

1．知能の解明を目的とする学問分野

2．知的な振《ふ》る舞《ま》いをするプログラムのｄコウチクを目的とする学問分野

20世紀末の第二次ＡＩブームの頃《ころ》はロマンがあり、二つめの目的を達成した先に一つめの目的が達成されると信じていました。しかし、21世

紀に入ってから興《おこ》った第三次ＡＩブームは二つめの目的にｅトッカしているようです。確率の計算などを高速なＣＰＵ（中央演算処理装置）やＧＰＵ（画像処理装置）で腕《わん》力的にブンブン繰《く》り返すことは、動物の頭脳では物理的に不可能ですし、それが知能の本質とも思えません。しかし、今まで動物や人にしかできなかった知的な振る舞いが、コンピュータにも表面的にはできるようになりました。

　世の中は、「便利になるのはいいことだ」という前提で進んでいます。しかし、このままだと③「不便だからやらなくてもいいよ」が、「やっちゃいけない」になるかもしれません。 Ｘ 車の自動運転を考えてみます。

　「ＡＩ（人工知能）はそこまで賢《かしこ》くなれないよ」という意見があることは承知の上で、仮にどのような状況《じょうきょう》下でも車を運転する、レベル５の完全自動運転が実現したとしましょう。そうなると、道路を効率よく使えるようになるので、たとえば高速道路の車線は今の半分で済むと試算されているようです。 Ｙ 、手動と自動が混在すると事故の原因になるので、その高速道路は手動運転が禁止になるでしょう。

　Ｚ 「運転しなくていいよ」だったはずが「運転してはいけない」になります。全部が他人や機械任せで楽だけど、自分がやることの喜びが奪《うば》われます。

　この流れはある程度まで進んでしまうと、逆らい難《がた》くなります。「みんなが便利になるんだからええやん。自分で運転したいなんてわがままや」と大勢に言われたら、なかなか言い返せないでしょう。だからといって何もかも今のままがいいとか、古き良き時代に戻《もど》れというのも無理です。ほかの道はないものでしょうか。

（川上浩司『不便益のススメ』岩波ジュニア新書より）

【文章２】

　現在は、第三次人工知能ブームと言われていますが、今後、人工知能は「ブーム」ではなく、なくてはならない当たり前の技術になっていくのだと思います。人工知能がいろいろな物事を学習し、我々のサポートをしてくれると便利ですよね。でも、何をどこまで学習し、何をしてもらうのかを適切に決め、制御《せいぎょ》しなければ、便利を通り越《こ》してお節介《せっかい》になったり、または人間の側が恐怖《きょうふ》を覚えるようなことになったりしてしまいます。「便利」と「お節介」は、④表裏一体の関係にあることを認識しておかなければなりません。

　例えば、こんな話はどうでしょうか。ある日、インターネットを見ていると美味しそうな食べ物の情報が出てきました。その日の夕食時、家族にそのことを話すと「私も同じのを見た！　本当に美味しそうだったよね」という話になり、すごく盛り上がりました。
　その後、テレビをつけるとたまたまその美味しそうな食べ物が名物になっている地方の番組が放送されていたので、「じゃあ、こんどの旅行はそこに行こうか」と話が弾《はず》んでいきました。ちょうどボーナス時期で家計に余裕《よゆう》があったのも幸いです。
　早速、いつも利用しているホテル予約サイトで宿を検索《けんさく》すると、ラッキーなことにキャンペーンが実施《じっし》されており、その地方の宿のクーポン券を手に入れることができました。偶然《ぐうぜん》に偶然が重なり、お得に、満足した旅ができ、お目当ての食べ物も満喫《まんきつ》できたのでした。
　いかがでしょうか。ありそうな話ですよね。本当にたまたま、このようなことが起こるかもしれません。しかし、人工知能がありとあらゆる情報を収集していて、人々を導いていたとしたら…。
　物事には表と裏があります。良い部分があれば、必ず悪い部分もあります。都合良く片方だけを見て、片方だけの情報で踊《おど》らされるのではなく、両面をしっかりと見て、把握《はあく》して、バランス良く取り扱《あつか》う必要があるのだと思います。

（土屋誠司『やさしく知りたい先端科学シリーズ6　はじめてのＡＩ』より）

問一　〰〰部a～eのカタカナを漢字に直し、漢字はその読みをひらがなで書きなさい。

問二　X、Y、Z にあてはまる言葉として最も適当なものを次の中から一つ選び、記号で答えなさい。

ア　つまり　　イ　むしろ　　ウ　では　　エ　たとえば　　オ　しかし

問三　A に入る言葉として最も適当なものを次の中から一つ選び、記号で答えなさい。

ア　手　　イ　水　　ウ　拍車《はくしゃ》　　エ　発破《はっぱ》

問四　――線部①とあるが、「そう」とは何を指すか。四十字以内で答えなさい。

問五　――線部②とはどのようなことか。この問いについて説明した次の文の空欄《らん》に当てはまる言葉を本文からそれぞれ五字以内で抜き出しなさい。

加算減算は、人間以外のほかの動物にはできない［(1)］であるが、加算減算ができるチップをナイゾウしている［(2)］を、ＡＩ搭載と呼ぶことには違和感《いわかん》があるということ。

問六　――線部③とはどのようなことか。四十字以内で説明しなさい。

問七　――線部④とは、どのような関係か。最も適当なものを次の中から一つ選び、記号で答えなさい。

ア　二つのものの関係が、密接に結びついている。
イ　対立する二つのものの差が、際立っている。
ウ　二つのものの意味が、ぴったり合っている。
エ　二つのものに、食い違《ちが》いがない。

問八　【文章1】に＝＝線部があるが、この問いに対する答えを【文章2】から一文で探し、初めの五字を答えなさい。

二 次の文章を読んで、後の問いに答えなさい。（計23点）

「ぼく」と「ナオト」と「ミサキ」が住んでいるのは「卵」の中の世界である。「卵」には、山、海、町、電車もある。「卵」に住む人たちは、一度だけ十三歳の誕生日に「卵」を出るかとどまるかを決めなくてはならない。「ぼく」が「卵」を出るという決断をし、「ナオト」と「ミサキ」に報告をしようとしている。

翌日、ぼくは、学校の中庭の※フジ棚《だな》の下でナオトとミサキに報告をした。フジ棚の下はミサキが好きな場所なんだ。花の季節じゃなかったから、見上げると、棚の上には真っ白な空が見えた。まわりの——名前を知らない木に、小さな青い実がついていた。

「そうか、決めたんだな」

ナオトはそう言ってから、こう続けた。

「オレも決めたんだ。っていうか、最初からきめてたんだけどな。でも、オマエの決心を聞いて、さらに決意したっていうかさ。オレは、ここに残る。」

「えっ！」

と、言ったぼくの声と、

「わかってた」

と、言ったミサキの声が重なった。

ああ、またぼくだけ置いてけぼりか。だけど——。

「ナオトは真っ先に飛びだしていくかと思ってたよ」

「うん。外の世界を知りたいっていう気持ちは、もちろんあったさ。でも、オレ、この世界が好きなんだ。この世界がなくなっちゃうのはいやなんだ。その気持ちのほうが、出ていきたい気持ちより大きかった。そりゃあさ、オレがいなくたって、この世界は続いていくさ。それはわかっている。でも、オレはここに残る。だから、ここはオレにまかせろって、そういう気持ちなんだ」

①ぼくたちばらばらになっちゃうんだな。ここに残るナオトと、ここを出ていくミサキとぼく。ミサキとぼくだって、いっしょに行くわけじゃ

ない。別々に出ていって、別々のところに行くんだろう。

【A】

「ここにナオトがいる。ずっといっしょに大きくなったナオトがいるって、そう思うよ。そして、この世界のどこもかしこもを、ナオトが守ってくれているって、そう思うよ。ナオトがいるから、大丈夫《だいじょうぶ》。だから、安心して思い出せる。ここはずっと変わらずにあるんだって。ちゃんとあるんだって」

　そうミサキが言った。

　そんなこと言うなよ、泣きたくなるじゃないか。ぼくは思った。②でも、やっぱ、言ってくれてよかったんだ。ぼくも、なんか言わなきゃ。そう思うのに、ぼくはなにも言えないままだった。

【B】

「なんで、十三歳《さい》の決まりなんてあるんだろ。ずっとこのままだっていいのに」

　ミサキがまた言った。そう言った③ミサキの顔がぶわっと真っ赤にふくらんだ。

【C】

　ぼくたちのそれまでと変わらない毎日が続いた。変わっていないようにふるまっているっていうんじゃなくて、じゅうぶん自然にそうだったから、ここを出ていく日が来ることを、ぼくは忘れることがあるくらいだった。でも、昼間は忘れていても、夜になれば思い出した。一日の終わりに、ぼくは毎日、ぼくの本を書き進めていたからだ。

【D】

　それから、そう、ぼくは、自分の部屋の窓から見える景色とか、テーブルにのったかあさんの料理とか、牧場で群れる動物たちとか、学校のろうかのはじっこにたまったほこりとか、中庭のあの青かった木の実が赤くなったのとかを、そんなこの世界にあって、④これまで当たり前のように思っていたものを、じっと見つめることがあるようになった。

　そうやって、一日一日が過ぎていった。一日はちゃんと一日分の長さがあったのに、一週間が、ひと月がびっくりするくらい早く終わっていくのを、ぼくは感じた。

そしてついに、最後の日がやってきた。

※フジ棚…フジのつるを生やしてのぼらせ、花が垂れて咲くように作った棚。

（石井睦美『ぼくたちは卵のなかにいた』より）

問一　――線部①の「ぼく」の気持ちを十五字以内で説明しなさい。

問二　――線部②の「ぼく」の気持ちを五十五字以内で説明しなさい。

問三　――線部③とあるが、このときのミサキの気持ちの説明として最も適当なものを次の中から一つ選び、記号で答えなさい。

ア　理不尽《りふじん》な運命に対して、あきれ返っている。

イ　自分たちに相談をせずに決意を固めたナオトを嫌悪《けんお》している。

ウ　自分が外の世界に出て行くことに不安を感じている。

エ　我慢《がまん》していた悲しさや悔《くや》しさがあふれ出している。

問四　――線部④とあるが、どのようなことか。この問いについて説明した次の文章の空欄に当てはまる言葉を考え、十字程度で答えなさい。

「卵」の世界にいることが当たり前だったときには気づかなかった日常のささいなことを、□後は注意深く観察するようになったということ。

問五　次の一文を加えるのに最も適当な箇《か》所を、【A】～【D】の中から選びなさい。

こうして、三人の気持ちが決まり、それを分かちあうと、ぼくたちは、そのことを話題にしなくなった。

三 次の詩と文章を読んで、後の問いに答えなさい。（計24点）

お詫び
著作権上の都合により、文章は掲載しておりません。
ご不便をおかけし、誠に申し訳ございません。
教英出版

お詫び

著作権上の都合により、文章は掲載しておりません。
ご不便をおかけし、誠に申し訳ございません。

教英出版

（谷川俊太郎、山田馨『ぼくはこうやって詩を書いてきた』より）

※散文…字数などに制限がない、普通の文章。
※先生…作者に詩の授業をした先生。

問一　——線部①は、どのような心情を表していると考えられるか。漢字二字で答えなさい。

問二　——線部②に使われている表現技法は何か。最も適当なものを次の中から一つ選び、記号で答えなさい。

ア　直喩《ゆ》　イ　隠喩《いんゆ》　ウ　擬《ぎ》人法　エ　体言止め

問三　——線部③とは、何を指しているか。詩の中から抜き出しなさい。

問四　[X] に入る言葉を考え、五字程度で答えなさい。

問五　[A] に入る言葉を考え、二字で答えなさい。

問六　[B] には、心情を表す擬音語が入る。適切な言葉を考え、四字で答えなさい。

問七　[C] に入る言葉として、最も適当なものを次の中から一つ選び、記号で答えなさい。

ア　難しいことばを使って　イ　ことばに無駄《むだ》がなくて

ウ　擬音語を多用して　エ　くだけた表現をして

四　次の各問いに答えなさい。（計14点）

問一　仮名づかいが間違っていることばを次の中からそれぞれ一つずつ選び、記号で答えなさい。

(1)　ア　せかいじゅう（世界中）　イ　じしん（地震《しん》）　ウ　はなぢ（鼻血）
　　エ　まぢか（間近）　オ　いれぢえ（入れ知恵）

(2)　ア　あいず（合図）　イ　みずから（自ら）　ウ　おこずかい（お小遣い）
　　エ　かたづけ（片付け）　オ　てづくり（手作り）

(3)　ア　こうむる（被る）　イ　ほおる（放る）　ウ　おおやけ（公）
　　エ　とおく（遠く）　オ　こおり（氷）

問二　――線部の主語にあたるものを各文からそれぞれ抜き出して答えなさい。

(1)　はげしい　雪が　一日中　降り続いている。

(2)　みなさん、今日の　宿題は　漢字の　復習です。

(3)　日本一　高い　山だよ、富士山は。

(4)　私も　みんなと　一緒《いっしょ》に　旅行に　出かけた。

受験番号			

２０２２年度

岩田中学校 入学試験問題

算 数

（６０分・１００点）

※受験上の注意（試験が始まるまでに読んでおいて下さい。）

1．「試験開始」の合図があるまで、この問題冊子を開いてはいけません。
2．解答用紙は、この問題冊子の中にはさみ込んであります。
3．問題用紙と解答用紙に、受験番号を必ず記入して下さい。
4．読みにくい字や図、途中で抜けているページがあった場合は、あわてずに静かに手をあげて、試験監督が来るのを待つこと。
5．「試験終了」の合図があったら、すみやかに解答するのをやめて、試験監督の指示にしたがって下さい。
6．この問題冊子は持ち帰ることはできません。机上においたままにして下さい。

岩田中学校・高等学校

1　次の□にあてはまる数を入れなさい。（２０点）

（１）　$23-(13-63\div 7)\times 5=\square$

（２）　$4\div 0.25-\frac{1}{8}+3\frac{3}{4}=\square$

（３）　$(\square-0.58)\div 1.6=9.3$

（４）　$12\times 14+3\times 28+8\times 56=\square$

（５）　（１日２時間４１分）÷５＝５時間□分□秒

2　次の各問いに答えなさい。（２５点）

（１）　２つの濃度《のうど》が異なる食塩水Ａ，食塩水Ｂがあります。食塩水Ａ300ｇ，食塩水Ｂ400ｇを混ぜると７％の食塩水になりました。また，食塩水Ａ500ｇ，食塩水Ｂ200ｇを混ぜると５％の食塩水になりました。このとき，食塩水Ａの濃度は何％ですか。

（２）　２００から５００までの整数のうち，２で割り切れるが３で割り切れない整数は全部で何個ありますか。

（３）　太郎さん，次郎さん，花子さん，和子さんの４人がそれぞれ１個ずつプレゼントを用意し，プレゼント交換《こうかん》を行います。どの人も自分が用意したもの以外を受け取る組み合わせは何通りありますか。

（４）　Ａ，Ｂ，Ｃ，Ｄ，Ｅの５種類の文房《ぼう》具の値段を調べたところ，次の①から④のことが分かりました。

①　ＢとＤはＡより高い。

②　ＤはＥより安い。

③　ＢはＣより高く，Ｅより安い。

④　Ｄは３番目に安い。

このとき，２番目に高い文房具は，５つのうちどれか答えなさい。

（５）　２以上の整数Ａに対して，Ａの約数を考えます。Ａの約数のうち，Ａ以外の約数の和を＜Ａ＞で表すことにします。例えば，４の４以外の約数は１，２であるので，＜４＞＝１＋２＝３となります。次の問いに答えなさい。

①　＜２８＞を求めなさい。

②　＜Ａ＞＝１となる１けたの整数Ａをすべて書きなさい。

3　次の各問いに答えなさい。（２０点）

（1）　今，時計の針は１時２２分をさしています。
長針と短針のつくる小さい方の角の大きさを求めなさい。

（2）　右の図のような三角形ＡＢＣを考えます。
ＡＲ：ＲＢ＝２：３，ＡＱ：ＱＣ＝５：６のとき，
三角形ＯＢＣと三角形ＡＢＣの面積比を最も簡単《かんたん》な
整数の比で表しなさい。

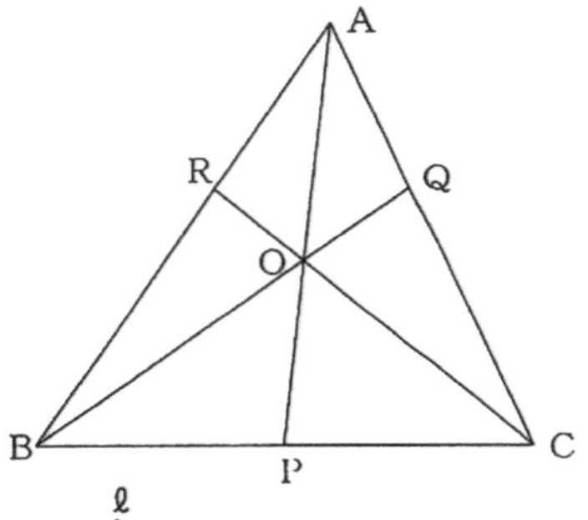

（3）　右の図のような１辺３ｃｍの正方形を４つ
組み合わせた図形をℓを軸として１回転させて
できる立体の体積は何cm^3ですか。
ただし，円周率は３．１４とします。

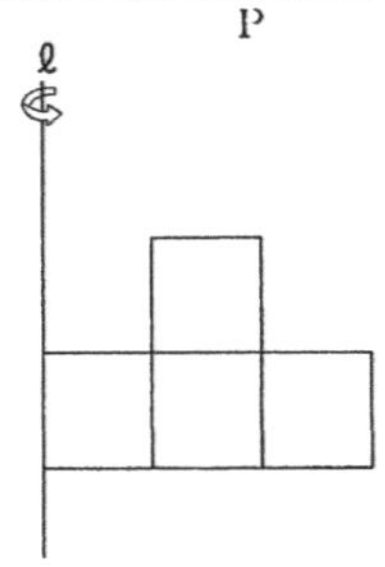

（4）　右の図のような正方形ＡＢＣＤがあります。
辺ＢＣ上に点Ｅを角ＥＤＣを３０度，ＤＥ＝６ｃｍと
なるようにとるとき，正方形ＡＢＣＤの面積は何cm^2
ですか。

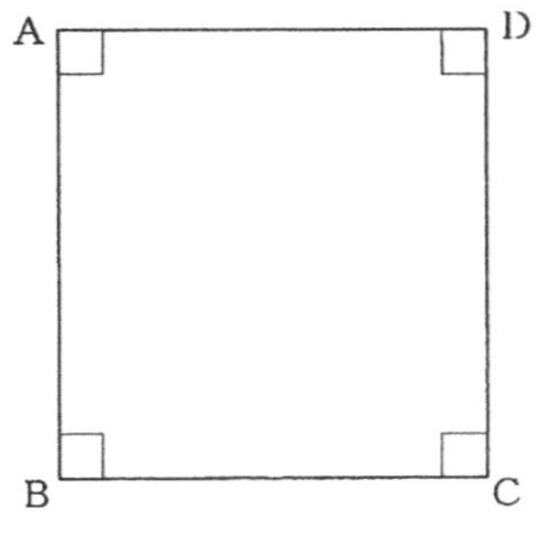

（5）　右の図のような長方形の土地の中に，道はば
２ｍの道が２本あります。道をのぞいた斜《しゃ》線部
分の面積の合計が１１２m^2となるようにします。
図中の□にあてはまる数を答えなさい。

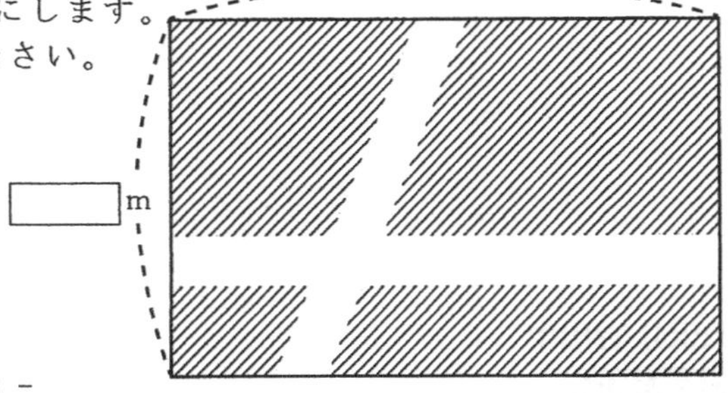

4 次のように，ある規則にしたがって，分数を並べていくとき，次の問いに答えなさい。（２０点）

$$\frac{1}{1},\ \frac{1}{3},\ \frac{3}{3},\ \frac{1}{5},\ \frac{3}{5},\ \frac{5}{5},\ \frac{1}{7},\ \frac{3}{7},\ \frac{5}{7},\ \frac{7}{7},\ \cdots\cdots$$

（１） 分母が１１の分数は全部で何個ありますか。また，それらの分数の和を求めなさい。

（２） １００番目の分数は何ですか。ただし，約分できる分数の場合であっても約分しないで答えなさい。

（３） $\frac{19}{31}$は最初から数えて何番目の分数になりますか。

問題は次のページに続きます。

[計算余白]

5 空の水槽《そう》があります。３種類の蛇口《じやぐち》Ａ，Ｂ，Ｃを使って，水槽に水を入れていきます。３種類の蛇口とも蛇口から１分間に出る水の量はそれぞれ一定とします。このとき，次の問いに答えなさい。（１５点）

（１） 蛇口Ａのみを使うと，７分間で４２０㎤の水が貯まりました。x 分後の水槽に貯まっている水の量を y ㎤とするとき，x と y の関係を式で表しなさい。

（２） 蛇口Ｂのみを使うと，１０分で水槽が満水になりました。また，蛇口Ａと蛇口Ｂの両方を使うと，$6\frac{1}{4}$ 分で水槽が満水になりました。このとき，蛇口Ｂから出る水の量は毎分何㎤ですか。

（３） はじめの１０分間は蛇口Ａのみを使って，水を入れていましたが，故障して水が出なくなりました。２分間の修理の結果蛇口Ａは使えるようになりました。以降は蛇口Ａと蛇口Ｃの両方を使って水槽を満水にすることにします。故障せずに蛇口Ａのみで水槽を満水にするのにかかるのと同じ時間で水槽を満水にするためには，１分間に蛇口Ｃから出る水の量を１分間に蛇口Ａから出る水の量の何倍にする必要がありますか。

2022(R4) 岩田中
K 教英出版

受験番号			

２０２２年度

岩田中学校 入学試験問題

理 科

（４０分・５０点）

※受験上の注意（試験が始まるまでに読んでおいて下さい。）

1．「試験開始」の合図があるまで、この問題冊子を開いてはいけません。

2．解答用紙は、この問題冊子の中にはさみ込んであります。

3．問題用紙と解答用紙に、受験番号を必ず記入して下さい。

4．読みにくい字や図、途中で抜けているページがあった場合は、あわてずに静かに手をあげて、試験監督が来るのを待つこと。

5．「試験終了」の合図があったら、すみやかに解答するのをやめて、試験監督の指示にしたがって下さい。

6．この問題冊子は持ち帰ることはできません。机上においたままにして下さい。

岩田中学校・高等学校

２０２２年度

岩田中学校 入学試験問題

理科

1 次の各問いに答えなさい。

(1) 次の図はインゲンマメ，ラッカセイ，ソラマメ，ダイズ（エダマメ）の果実を示しています。インゲンマメの果実を示しているものをア～エから１つ選び，記号で答えなさい。

ア　イ　ウ　エ

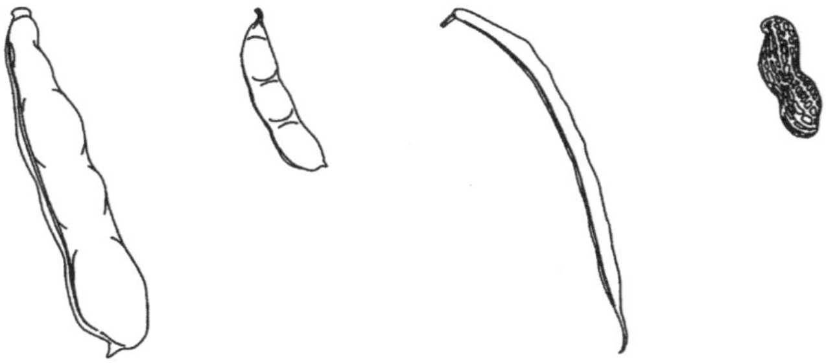

(2) 次の図はインゲンマメ，ヘチマ，サクラ，ユリの花を示しています。インゲンマメの花を示しているものをア～エから１つ選び，記号で答えなさい。

ア　イ　ウ　エ

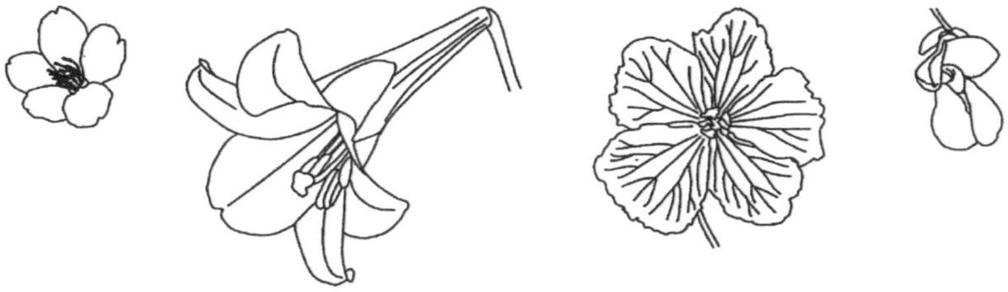

(3) 次の図はカキとインゲンマメの種子の構造を示しています。カキの種子は，栄養分を図の中のはい乳にためます。インゲンマメには，はい乳がありません。インゲンマメの種子は栄養分をどこにためますか。ア～ウから１つ選び，記号で答えなさい。また，その部分の名前を答えなさい。

カキの種子　インゲンマメの種子

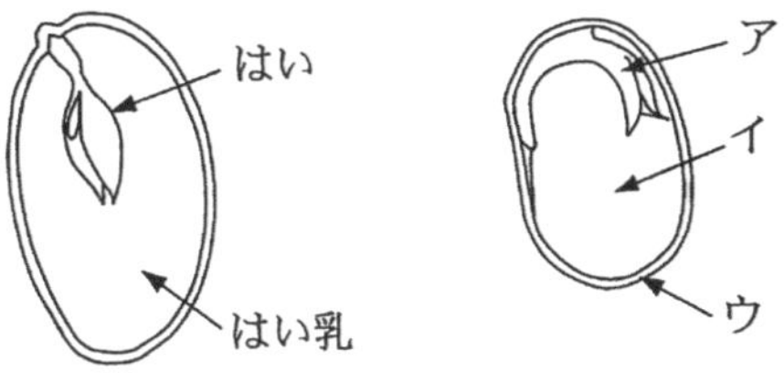

(4)　インゲンマメの種子の発芽の条件を調べるために，後のア～オの条件で実験を行いました。次の①～③のことを調べるためには，ア～オのどれとどれを比べるとわかりますか。**それぞれ2つずつ**記号で答えなさい。

①発芽には水が必要かどうか。
②発芽には光が必要かどうか。
③発芽には空気が必要かどうか。

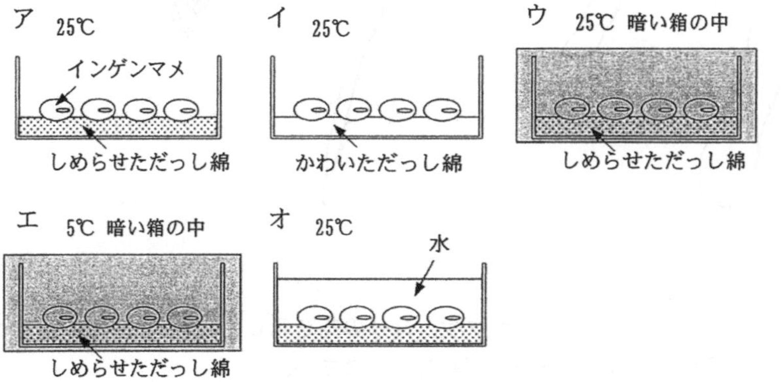

(5)　(4)の実験のうち，発芽するものをア～オから**すべて選び**，記号で答えなさい。

(6)　(5)の結果からわかる，発芽に必要な条件をa～fから**すべて選び**，記号で答えなさい。
a．光　　b．適した温度　　c．空気　　d．土　　e．水　　f．肥料

問題は次ページに続きます。

2　太陽，月，星について次の各問いに答えなさい。

(1) 次のア～エのうち，**まちがっているもの**を１つ選び，記号で答えなさい。

ア．太陽のまわりを地球が約１年で１回公転している。

イ．太陽の表面の温度は約 6000℃で，水素やヘリウムというガスでできている。

ウ．太陽には黒点があり，これを観察すると移動するので，太陽は自転していることがわかる。

エ．太陽は，北半球では東から，南半球では西からのぼる。

(2) 太陽と月を比べると同じ大きさに見えます。その理由として正しいものをア～オから 1 つ選び，記号で答えなさい。

ア．太陽と月の大きさが同じで，距離《きょり》も同じだから。

イ．太陽が月より大きく，地球から太陽までの距離が月までの距離より長いから。

ウ．太陽が月より大きく，地球から月までの距離が太陽までの距離より長いから。

エ．太陽が月より小さく，地球から太陽までの距離が月までの距離より短いから。

オ．太陽が月より小さく，地球から月までの距離が太陽までの距離より短いから。

(3) 2021 年 5 月 26 日夜，満月の一部から月がかけ始め，その後，月全体が暗い赤色となりました。このことを何といいますか。

(4) (3) のことは，太陽，月，地球がどのような順にならぶと起こりますか。次のア～ウから正しいものを１つ選び，記号で答えなさい。

ア．太陽－月－地球　　イ．太陽－地球－月　　ウ．地球－太陽－月

(5) ある冬の早朝，スキー場に向かって家を出発しました。そのとき，スキー場の方向に満月が見えました。１日家族でスキーやスノーボードをして楽しみ，日没《にちぼつ》直後，家に向かってスキー場を出発しました。そのとき，今度は家の方向に満月が見えました。このことからスキー場は家からどの方角にあるとわかりますか。**東，西，南，北のいずれかで**答えなさい。

(6) 次の図１と図２の星座の名前をそれぞれ答えなさい。

図１

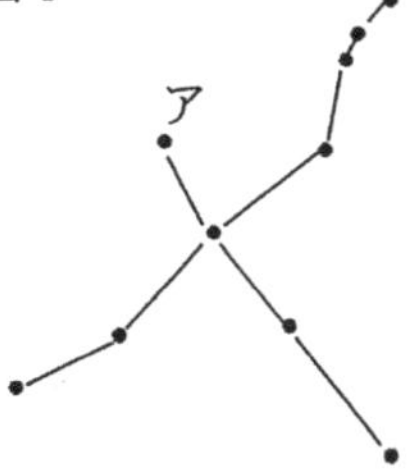

図２

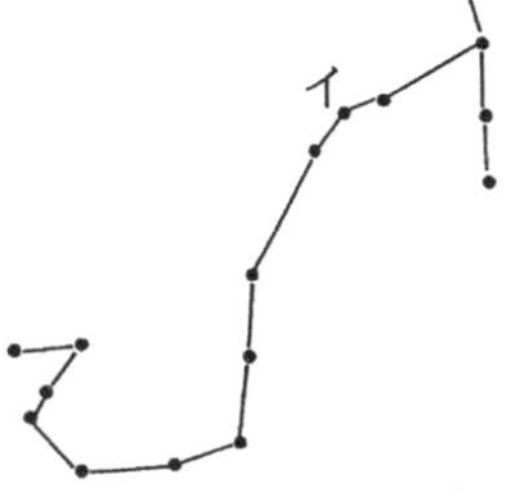

(7)　(6)の図中のアは夏の大三角の１つで，イはこの星座の中でもっとも明るく赤くかがやいている星です。アとイの星の名前をそれぞれ**カタカナで**答えなさい。

(8)　(6)の図中のアは白色，イは赤色に見えます。これは星の温度によって色がちがって見えているからです。温度が高いのはアとイのどちらの星ですか。記号で答えなさい。

3 私たちは，生活の中でいろいろなものを燃やしています。木やろうそくなどを<u>空気中</u>で熱すると，ほのおを出して燃えます。ものの燃え方について下図のような実験をおこないました。後の各問いに答えなさい。

実験①
火のついた割りばしを，空気を入れた集気びんの中に入れた。

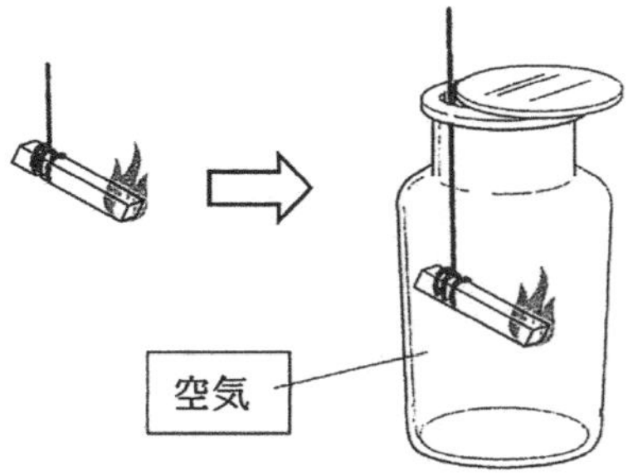

実験結果
割りばしは，集気びんの中でしばらく燃えたあと，火は消えた。

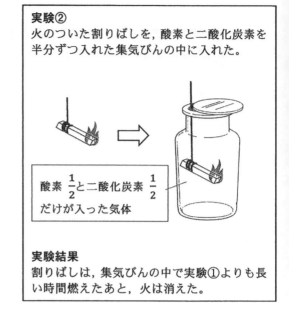

実験②
火のついた割りばしを，酸素と二酸化炭素を半分ずつ入れた集気びんの中に入れた。

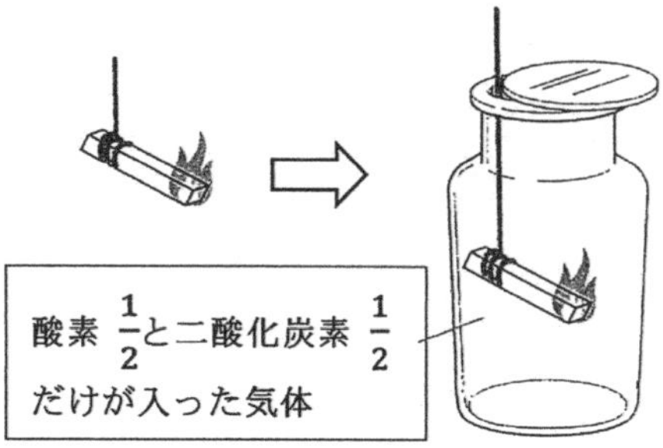

実験結果
割りばしは，集気びんの中で実験①よりも長い時間燃えたあと，火は消えた。

(1) 問題文中の下線部について，空気中に最も多く含《ふく》まれる気体は何ですか。気体の名前を答えなさい。

(2) 空気中で木を燃やすと二酸化炭素が発生します。二酸化炭素は空気中に重さで0.04％含まれています。次のア～エのうち，二酸化炭素が0.04％であるものを１つ選び，記号で答えなさい。
ア．1.0gの空気中に二酸化炭素が0.04g含まれる。
イ．10gの空気中に二酸化炭素が0.0004g含まれる。
ウ．20gの空気中に二酸化炭素が0.08g含まれる。
エ．40gの空気中に二酸化炭素が0.016g含まれる。

(3) 二酸化炭素の性質について説明した次の文中の空らんに適する語句の組み合わせとして正しいものを表のア～クから１つ選び，記号で答えなさい。

二酸化炭素を発生させるためには石灰石に塩酸を加えます。二酸化炭素は無色の気体で，その水よう液は（　A　）水とよばれます。（　A　）水に青色リトマス紙を入れると赤色に変化します。このような性質を（　B　）性といい，同じような性質を示すのは（　C　）です。

	A	B	C
ア	炭酸	アルカリ	塩酸
イ	炭酸	アルカリ	アンモニア水
ウ	炭酸	酸	塩酸
エ	炭酸	酸	アンモニア水
オ	石灰	アルカリ	塩酸
カ	石灰	アルカリ	アンモニア水
キ	石灰	酸	塩酸
ク	石灰	酸	アンモニア水

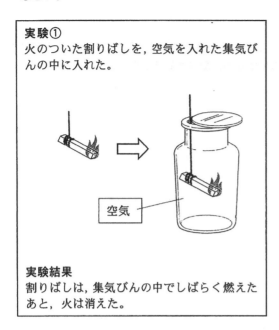

(4) 今回の実験①は空気のあるところで木を熱しました。木をアルミニウムはくに包んで空気にふれあわないように熱すると何ができますか。漢字1文字で答えなさい。

(5) 下の図は実験前の空気中に含まれる気体の体積の割合を模式的に示しています。実験後の空気中の気体の割合を示した図として正しいものをア～エから1つ選び，記号で答えなさい。

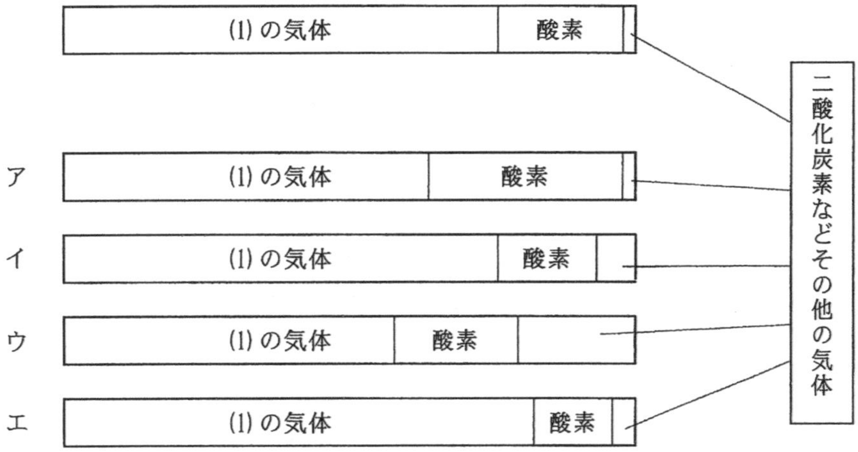

(6) これらの実験からわかることはどれですか。ア～エから1つ選び，記号で答えなさい。
ア．二酸化炭素には，火を消すはたらきがある。
イ．二酸化炭素が多いほどよく燃える。
ウ．ものが燃えると酸素の量が増える。
エ．酸素の量が一定の量より減るとものが燃えなくなる。

(7) われわれはさまざまなものを燃やすことで，生活の上での便利さを得ていますが，その反面，環境《かんきょう》問題が起こることがあります。ものを燃やすことで引き起こされる環境問題を1つ答えなさい。
※解答は複数考えられますが，1つ答えればよいです。

4 わたしたちは生活の中でいろいろなものを温めています。ものの温まり方についていろいろな実験をおこないました。ものの温まり方について，後の各問いに答えなさい。

実験① 金属の棒にろうをぬり，棒にしばらく熱を加える。

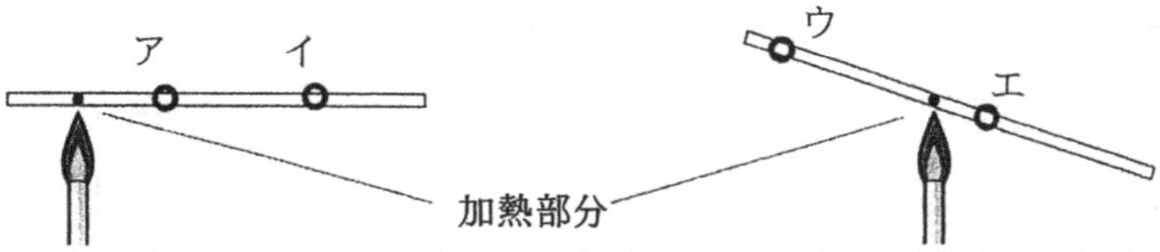

実験② 示温テープをはったガラス棒を，水を入れた試験管に入れて，しばらく熱を加える。
※示温テープ…決まった温度より高くなるとオレンジ色から赤色に変わる。

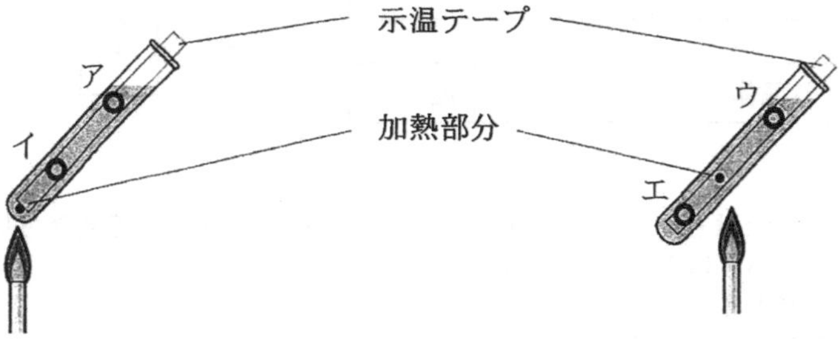

実験③ 容器の中に線香の煙《けむり》を入れ，ふたをして，インスタントカイロでしばらく熱を加える。

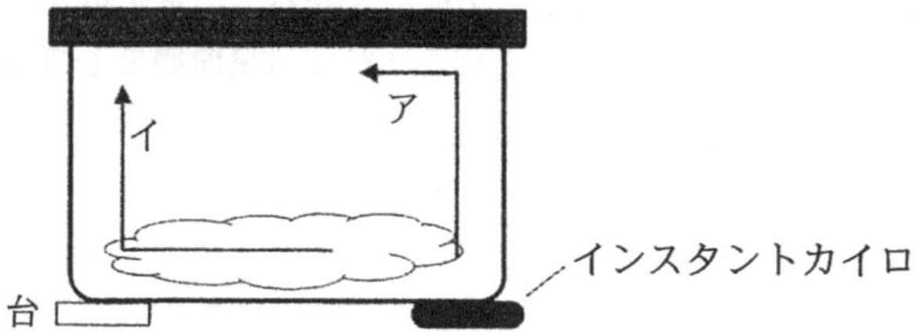

(1) 実験①について，「アとイ」，「ウとエ」のろうはどちらが先にとけますか。それぞれ記号で答えなさい。

(2) 実験②について，「アとイ」，「ウとエ」の温度はどちらが先に高くなりますか。それぞれ記号で答えなさい。

(3) 実験③について，煙はアとイのどちら側に動きますか。

(4) この実験からわかることを**4つ選び**，記号で答えなさい。

ア．金属は，熱した部分に近いところから順にあたたまる。
イ．金属は，熱と電気をよく伝える。
ウ．水は，熱せられ温度の高くなった水が上の方に移動する。
エ．水は，熱せられ温度の高くなった水が上下左右，均等に広がっていく。
オ．空気は，金属と同じような温まり方をする
カ．空気は，水と同じような温まり方をする
キ．熱は温度の高い方から低い方に伝わる。
ク．熱は温度の低い方から高い方に伝わる。

(5) 冷房《れいぼう》や暖房《だんぼう》中に送風機を使うと部屋の温度差をなくすことができ，効率が良いと言われています。暖房を使うときは床に置かれた送風機を上向きにすると良いと言われています。その理由を考えて書きなさい。

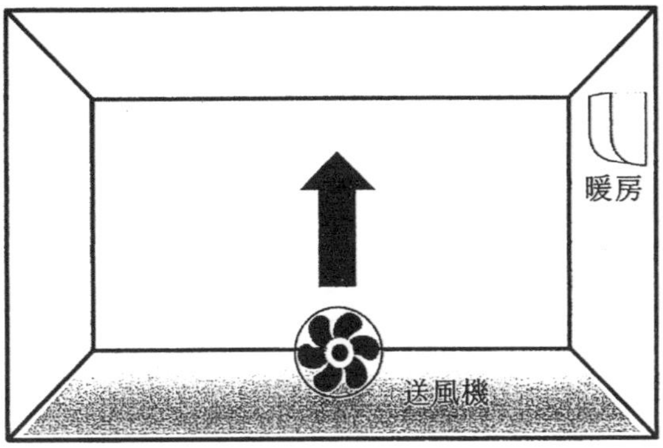

(6) 金属は温度が上がると体積が大きくなることが知られています。鉄は1mあたり1℃上がると0.012mmのびます。大分市の宗麟《そうりん》大橋は350mあり，350mの鋼材(鉄)がかけられていますが，夏場35℃，冬場3℃では何mmの差が生じるでしょうか。**小数第1位を四捨五入して整数で答えなさい。**橋はさまざまな材料でできていますが，ここでは鉄ののびだけを考えてください。

(7) 夏のプールサイドの温度を考えたときに，水は，コンクリートや金属に比べて温まりにくいということがわかります。その水の温まり方を調べるために次のような実験をしました。
20℃の水100gを加熱して80℃にするのに4分かかりました。また，20℃の水200gを加熱して50℃にするのに4分，30℃の水200gを加熱して90℃にするのに8分かかりました。では，30℃の水400gを加熱して60℃にするのに何分かかると考えられますか。ただし，実験に用いた器具，火の強さ，気温などの条件はすべて等しいものとします。

受験番号			

2022年度

岩田中学校 入学試験問題

社 会

(40分・50点)

※受験上の注意(試験が始まるまでに読んでおいて下さい。)

1.「試験開始」の合図があるまで、この問題冊子を開いてはいけません。
2. 解答用紙は、この問題冊子の中にはさみ込んであります。
3. 問題用紙と解答用紙に、受験番号を必ず記入して下さい。
4. 読みにくい字や図、途中で抜けているページがあった場合は、あわてずに静かに手をあげて、試験監督が来るのを待つこと。
5.「試験終了」の合図があったら、すみやかに解答するのをやめて、試験監督の指示にしたがって下さい。
6. この問題冊子は持ち帰ることはできません。机上においたままにして下さい。

岩田中学校・高等学校

1 ヒロシくんは、自分が住む大分市にどのような特徴があるか知るために色々なことを調べた。これについてA・Bの問いに答えなさい。（１０点）

A．次の図は大分市の一部を示した２万５千分の１地形図である。これについてあとの問いに答えなさい。

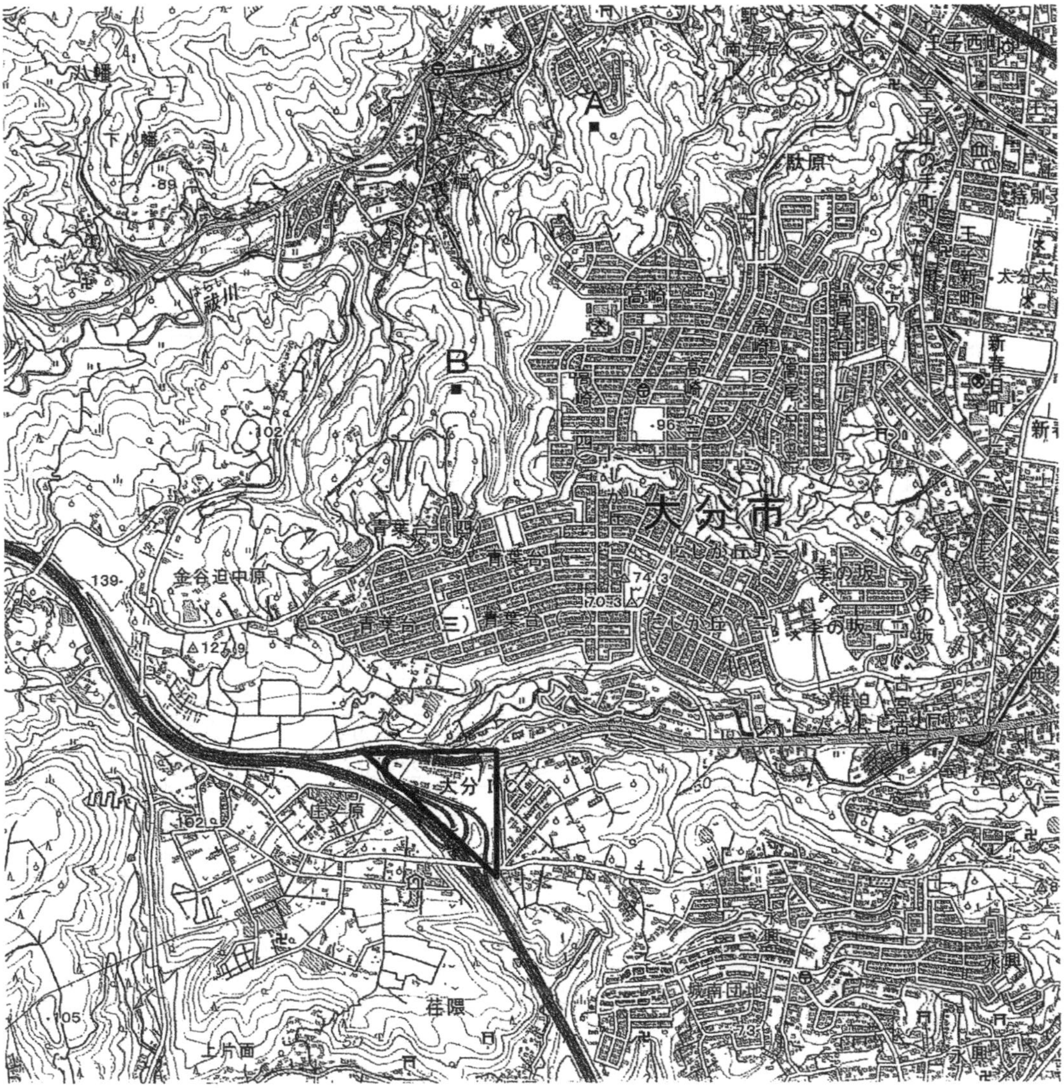

問１．地形図から読み取れることがらについて述べた文として正しいものを次のア～エから１つ選び、記号で答えなさい。

ア．地図の範囲内には小学校や中学校はあるが、高等学校は見られない。
イ．「祓川」は北東から南西方向に向かって流れている。
ウ．「高崎（四）」の西側にある丘陵地には果樹園が見られる。
エ．「王子西町」の国道沿いには工場が見られる。

問２．地図中のＡ点とＢ点の標高について述べた文として正しいものを次のア～オから選び、記号で答えなさい。

ア．Ａ点の方がＢ点より40ｍ高い。
イ．Ａ点の方がＢ点より20ｍ高い。
ウ．Ａ点とＢ点の標高は同じである。
エ．Ｂ点の方がＡ点より20ｍ高い。
オ．Ｂ点の方がＡ点より40ｍ高い

問３．「大分ＩＣ（インターチェンジ）」のおおよその面積として正しいものを次のア～エから選び、記号で答えなさい。なお、地図上での「大分ＩＣ」は南北、東西それぞれの辺が２㎝の三角形として考えること。

ア．1,250㎡　　イ．5,000㎡　　ウ．0.125㎢　　エ．0.5㎢

Ｂ．次の表は、ヒロシくんがあとの地図中にある大分市と同じくらいの人口をもつ国内の３つの都市を取り上げて比較し、まとめたものである。これを見てあとの問いに答えなさい。

	大分市	市川市	金沢市	豊田市
世帯数(2019)	220,698	244,984	204,147	181,418
人口(2019)	477,858	488,714	464,545	425,340
１世帯あたり人口	2.17	1.99	2.28	2.34
男性人口	229,460	247,869	225,259	222,461
女性人口	248,398	240,845	239,286	202,879
男女比	1.08	0.97	1.06	0.91
製造品出荷額(2019)＊単位：百万円	287,018,180	36,707,309	57,536,400	1,535,695,893
商品販売額(2014)＊単位：百万円	1,268,446	587,518	2,262,818	1,672,868
卸売業販売額　＊単位：百万円	782,190	290,357	1,748,164	1,331,115
小売業販売額　＊単位：百万円	486,257	297,161	514,654	341,753
ホテル客室数(2019)	5,963	1,237	12,113	2,846

「ホテル客室数」はメトロエンジンリサーチ調べ
その他は政府統計（e-Stat）より

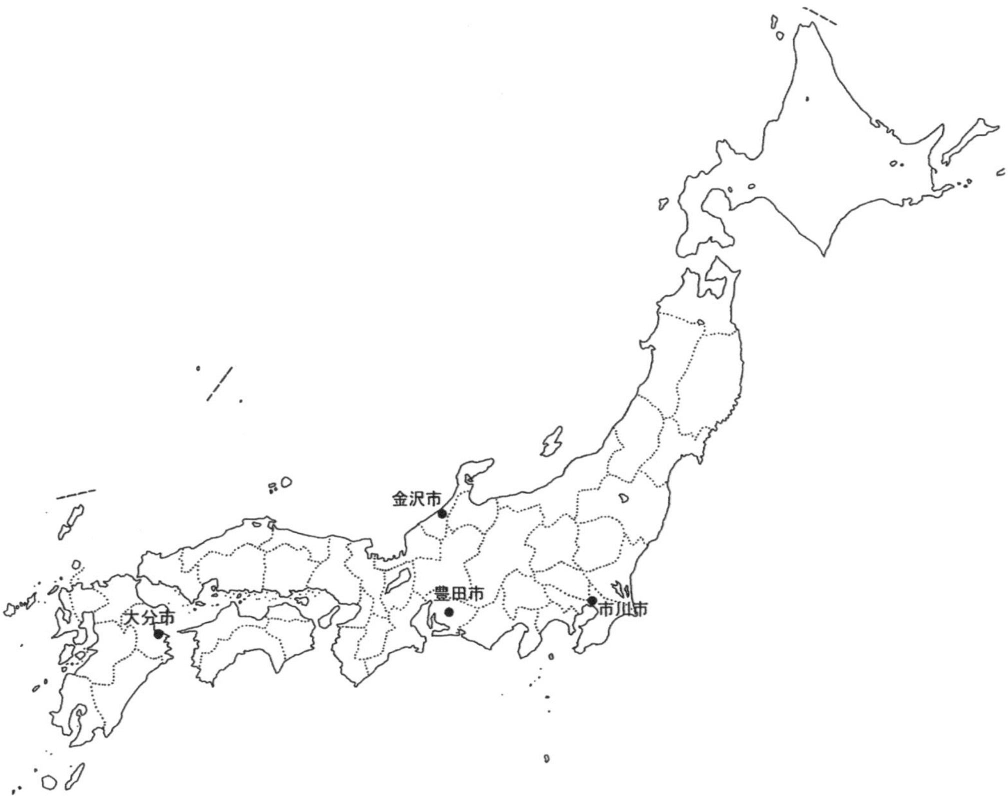

問４．表を見ると、１世帯あたりの人口では市川市が最も少なくなっている。この都市の居住者や住宅状況について述べた文として**適当でないもの**を次のア～エから１つ選び、記号で答えなさい。

ア．他の３つの都市に比べて、市外に通勤・通学する人の割合が高い。
イ．他の３つの都市に比べて、全人口に占める若い年齢の社会人や学生の割合が高い。
ウ．他の３つの都市に比べて、土地の価格が高いので１世帯あたりの床面積は狭い。
エ．他の３つの都市に比べて、一戸建ての持ち家に住んでいる世帯の割合が高い。

問５．表を見ると、男性人口に対する女性人口の比率では豊田市が最も低くなっている。その理由として考えられることを書きなさい。

問６．表を見ると、豊田市は商品販売額に占める卸《おろし》売《うり》業販売額の割合が４都市の中で最も高いことが分かる。その理由として考えられることを書きなさい。

問７．表を見ると、ホテル客室数では金沢市が最も多くなっている。その理由を、この都市の特徴をふまえて40字以内で書きなさい。

2 次の図は日本における品目別食糧自給率の移り変わりを示したものである。これをみて、あとの問いに答えなさい。（１０点）

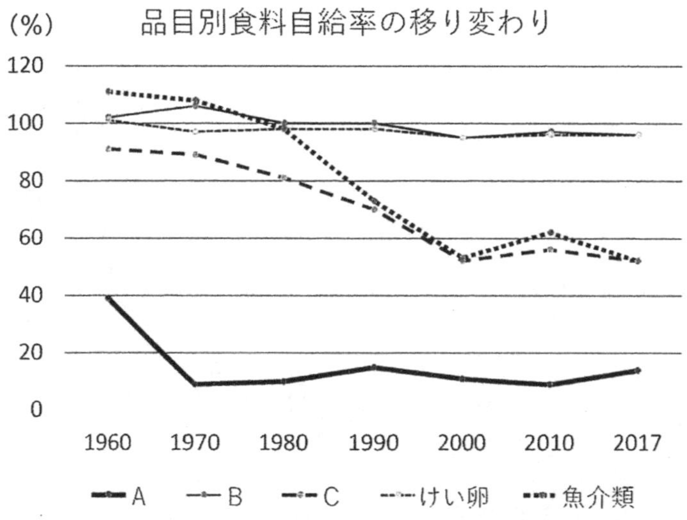

食糧需給表（平成29年度）より

問１．図中のＡ～Ｃに該当する品目の組み合わせとして正しいものを次のア～カから選び、記号で答えなさい。

	ア	イ	ウ	エ	オ	カ
A	小　麦	小　麦	米	米	肉　類	肉　類
B	米	肉　類	小　麦	肉　類	小　麦	米
C	肉　類	米	肉　類	小　麦	米	小　麦

問２．図では、Ｂとともにけい卵の自給率が非常に高い値を維持していることがわかる。この理由として考えられることを書きなさい。

問３．図では、魚介類の自給率が低下してるが、その理由のひとつとして日本近海における水産資源の減少がある。そのため日本各地では、魚の卵をふ化させて稚魚をある程度の大きさになるまで育ててから放流することで水産資源の保護をはかっている。この取り組みを何と呼ぶか、答えなさい。

問４．日本の食糧自給率は全体的に低く40％を下回っているが、都道府県によって差がある。次の図は、北海道を除く日本の都府県別食糧自給率について低い（40％未満）、中程度（40％以上、70％未満）、高い（70％以上）の３つのグループに分けてパターン分けしたものである。①～③のパターンと自給率の正しい組み合わせをあとのア～カから選び、記号で答えなさい。

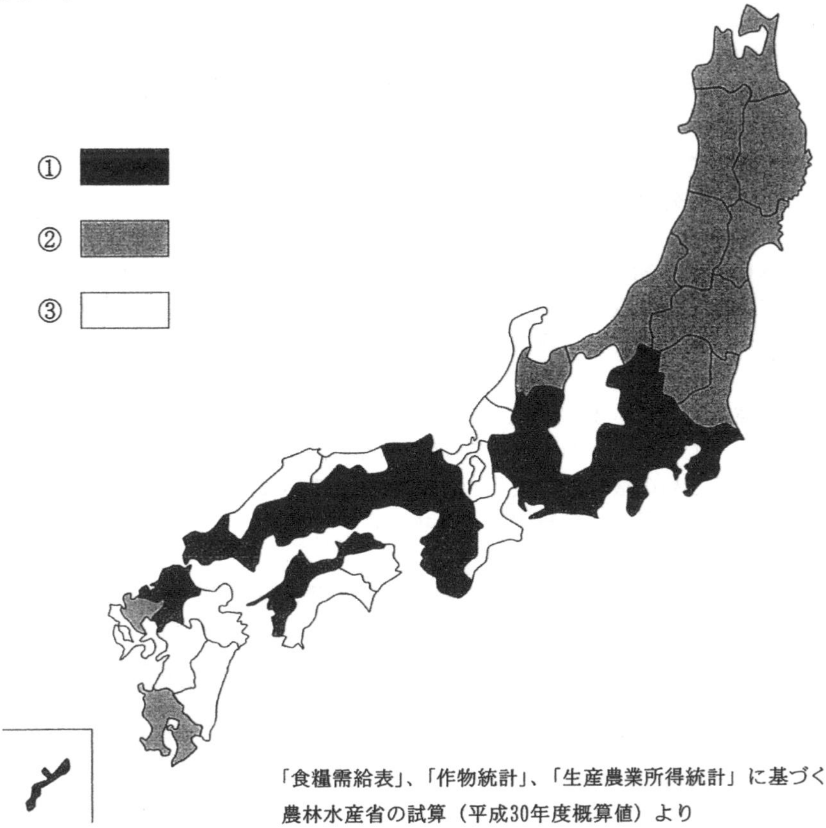

「食糧需給表」、「作物統計」、「生産農業所得統計」に基づく
農林水産省の試算（平成30年度概算値）より

	ア	イ	ウ	エ	オ	カ
低い　（40％未満）	①	①	②	②	③	③
中程度（40％以上、70％未満）	②	③	①	③	①	②
高い　（70％以上）	③	②	③	①	②	①

問５．農業生産を増やすために日本の各地では生産者がさまざまな取組みをしているが、これについて述べた文として**適当でないもの**を次のア～エから１つ選び、記号で答えなさい。

ア．山形県では、ほ場整備によってせまい田を広い田に整理し、大型機械を使った大規模な稲作が行われるようになった。

イ．群馬県では、夏でも涼しい標高1,000m前後の高地の気候を生かして、春野菜のキャベツの栽培が行われている

ウ．和歌山県では、冬でも暖かな気候を利用して、他地域では秋から冬に収穫されるリンゴを夏に出荷している。

エ．宮崎県では、肉の質がよい県内産の牛肉をブランド化して、日本国内に出荷するだけでなく海外への輸出も増やしている。

問６．日本の食糧自給率を向上させる取り組みの一つとして、「地産地消」をすすめる地域が増えている。この取り組みが食糧自給率の向上以外にもたらす利点としてどのようなものがあるか。考えて書きなさい。

問７．環境省によれば、2018年に日本では売れ残りや食べ残しが原因でおよそ600万トンの食品ロスが出ているとされる。そこで国や各自治体、企業などが食品のむだを減らしたり有効活用するための取り組みを行うようになっている。これについて**適当でないもの**を次のア～エから１つ選び、記号で答えなさい。

ア．国が消費者に対して、家庭での食品の廃棄を減らすため、購入する際に消費期限が近い商品をできるだけ買わないように呼びかける。

イ．自治体が宴会などの出席者に対して、最初の30分間は自分の席から離れず、目の前に並べられた料理を食べるように呼びかける。

ウ．飲食店が小盛りやハーフサイズなど量を少なくしたメニューや、持ち帰りが可能なメニューをあらたに設定する。

エ．スーパーがクリスマスケーキや恵方巻きなど、ある期間だけ売られる季節商品の販売を予約制に切替える。

二〇二二年度　岩田中学校　入学試験

国語科

解答用紙

一

問一
a
（って）
b
c
d
e

問二
X
Y
Z

問三

問四

問五
(1)
(2)

問六

問七

問八

問一

問二

3

(1)	度	(2)	:
(3)	cm^3	(4)	cm^2
(5)	m		

〔　　　　点〕

4

(1)	個	(1)	和
(2)		(3)	番目

〔　　　　点〕

5

(1)	y =	(2)	毎分　　cm^3
(3)	倍		

〔　　　　点〕

2022(R4) 岩田中
教英出版

(7)	ア	イ	(8)	

（　　　　点）

3

(1)		(2)		(3)		(4)	
(5)		(6)		(7)			

（　　　　点）

4

(1)	(アとイ)	(ウとエ)	(2)	(アとイ)	(ウとエ)
(3)		(4)			
(5)					
(6)	㎜	(7)	分		

（　　　　点）

3

問1		問2					
問3						問4	
問5		問6		問7		問8	
問9		問10					
問11							
問12							
問13							
問14		問15					

（　　点）

4

問1		問2		問3		問4	
問5		問6		問7		問8	

（　　点）

受験番号			

2022年度 岩田中学校 入学試験 社会科 解答用紙

（　　　　点）

※50点満点

1

問1		問2		問3		問4	
問5							
問6							
問7							

（　　　点）

2

問1		問2			
問3		問4		問5	
問6					
問					

（

【解答

受験番号

2022 年度　岩田中学校　入学試験　理科　解答用紙

（　　点）

※50点満点
（配点非公表）

1

(1)		(2)		(3)	部分	名前
(4)	①　と		②　と		③　と	
(5)		(6)				

（　　点）

2

(1)		(2)		(3)		(4)	

受 験 番 号

2022年度　岩田中学校　入学試験　**算数科**　解答用紙

（　　　　点）
※100点満点

1

（1）		（2）	
（3）		（4）	
（5）	分　　秒		

（　　　　点）

2

（1）	%	（2）	個
（3）	通り	（4）	
（5）	①	（5）	②

（　　　　点）

【解答

受験番号

四

問一	問二
(1)	(1)
(2)	(2)
(3)	(3)
	(4)

三

問一	問二	問三	問四	問五	問六	問七

問三	問四	問五

一	
二	
三	
四	
計	

※100点満点

【解答

3　次のＡ～Ｅの各文章を読んで、あとの問いに答えなさい。（２０点）

Ａ．①青森県の三内丸山遺跡では、②今から約5500年前から1500年間ほどにわたって、人々が暮らしていた跡がみつかっています。最大で約500人ほどの人々が、この集落で生活していたとみられています。

問１．下線部①について、三内丸山遺跡と同じ時代の遺跡名を次のア～エから１つ選び、記号で答えなさい。

ア．登呂遺跡　　イ．吉野ヶ里遺跡　　ウ．高松塚古墳　　エ．加曽利貝塚

問２．下線部②について、このころ、この地域ではとれない黒曜石などを加工してつくられた道具が多数出土しています。このことからどのようなことがいえますか。説明しなさい。

Ｂ．４世紀から５世紀ごろに大和（奈良県）や河内（大阪府）地方でくにができると、ほかのくにの王を従えた、より力の強いくにがつくられました。その中心人物は大王とよばれ、のちに天皇となりました。各地の王を政府の役人とする政治の仕組みが整えられ、この政府を③大和朝廷といいます。

　奈良盆地南東部飛鳥地方の斑鳩町にある④法隆寺は、今から約1400年以上前に（　⑤　）が建てたといわれています。

　８世紀の初めに天皇の命令を受けてつくられた『古事記』や『日本書紀』には、神話が書かれていて、同じ頃につくられた『⑥風土記』には、地名の由来など、その土地にまつわる話が書かれています。

問３．下線部③について、このころ熊本県と埼玉県の古墳から「ワカタケル大王」と書かれた刀剣がそれぞれ見つかりました。このことからどのようことがいえますか。**「大和政権」という語句を必ず使って**説明しなさい。

問４．下線部④について、法隆寺は世界遺産に登録されていますが、2021年現在で**世界遺産に登録されていないもの**を次のア～エから１つ選び、記号で答えなさい。

ア．沖ノ島（福岡県）　　イ．厳島神社（広島県）
ウ．阿蘇山（熊本県）　　エ．日光東照宮（栃木県）

問５．空欄（　⑤　）に適当な人物名を答えなさい。

問６．下線部⑥について、現在残っている風土記のうち、完全な状態で残っている風土記がある旧国名を次のア～エの中から１つ選び、記号で答えなさい。

ア．豊後（大分県）　　イ．出雲（島根県）
ウ．薩摩（鹿児島県）　　エ．土佐（高知県）

C．8世紀の終わり、都が京都の平安京に移されました。この時代の中頃になると、⑦貴族は、いくつもの部屋がある建物と、広い庭からなる立派な住宅に住んでいました。こうした貴族の社会では、正月や月見などのように毎年決まった時期に行われる（　⑧　）が行われ、和歌やけまりなどを楽しみながら、教養を競い合っていました。

12世紀になると、⑨平氏や源氏が中央の貴族の政治に関わるほど、大きな力を持つようになりました。

14世紀前半に鎌倉幕府が倒れたあと、京都で室町幕府が開かれました。室町幕府は、将軍の権威を高め、明との国交を開いて貿易を始めました。その後、京都では8代将軍の（　⑩　）のあとつぎをめぐって、1467年に応仁の乱がおこりました。この争いが次第に地方へ拡大し、11年間におよぶ大きな戦乱となり、この戦乱をきっかけに戦国時代とよばれる世の中へと移っていきました。

問7．下線部⑦について、このような住宅様式を何といいますか。

問8．空欄（　⑧　）に適当な語句を答えなさい。

問9．下線部⑨について、平清盛が源頼朝の父である源義朝を破った戦いの名称を次のア～エから1つ選び、記号で答えなさい。

ア．屋島の戦い　　イ．壇ノ浦の戦い　　ウ．平治の乱　　エ．保元の乱

問10．空欄（　⑩　）に適当な人物名を**フルネーム**で答えなさい。

D．1600年に関ヶ原の戦いで勝利した徳川家康は、1603年に征夷大将軍となり、⑪江戸幕府を開きました。幕府は⑫武家諸法度とよばれる決まりを定め、これにそむいた大名を厳しく処罰しました。

1853年、軍艦4せきを率いるペリーが浦賀にあらわれ、開国を要求しました。幕府は朝廷に報告するとともに、どのように対応すべきか、大名などからも意見を集めました。アメリカの強い態度におされた幕府は、翌年に日米和親条約を、1858年には⑬日米修好通商条約を結ぶことになりました。

問11．下線部⑪について、江戸時代は世界のなかでも読み書きのできる人の割合が高くなりました。その理由を**「全国各地」という語句を必ず使って**説明しなさい。

問12．下線部⑫について、武家諸法度で「大名は江戸に参勤すること」と定められていますが、幕府が大名に江戸へ参勤させた目的を説明しなさい。

問13．下線部⑬について、日米修好通商条約を結んだことで、日本は治外法権を認めることになりました。それによってどのような問題がおこりましたか。説明しなさい。

Ｅ．戦後復興をはたした日本で、1964年に東京でオリンピックとパラリンピックが開催され、日本が経済発展をとげたことを世界に示しました。その後も、⑭万国博覧会や冬季オリンピックなども開催され、日本は平和で民主的な国家として、世界の国々が友好を深めるための大きな役割をはたしました。

1997年に（　⑮　）で開かれた地球温暖化防止会議では、世界の国々が協力して温暖化防止に取り組むことを確認しました。

問14．下線部⑭に関して、2025年に万国博覧会が開かれることが決まった都道府県名を答えなさい。

問15．空欄（　⑮　）に適当な都道府県名を答えなさい。

4 次のＡ～Ｃの各文章を読み、あとの問いに答えなさい。（１０点）

Ａ．2021年５月３日、日本国憲法は公布の日から（　①　）年をむかえました。日本国憲法では、天皇は日本の国や国民のまとまりの象徴《しょうちょう》であり、その地位は、国民全体の理解にもとづくと定められています。国の政治に関する権限はなく、②内閣の（　③　）にもとづいて、憲法で定められた仕事をおこないます。

Ｂ．政治は、国民と関わって進められることがたいせつですが、わが国の④裁判は、そうした結びつきが弱く、長い間、裁判の専門家に任されてきました。そこで、2009年から、国民のふだんの生活の感覚を裁判に取り入れ、国民の裁判に対する理解と信頼を深めようと、（　⑤　）制度がはじまりました。

Ｃ．⑥国際連合（以下国連）は、第二次世界大戦が終わった1945年につくられ、国連憲章が定められました。2015年の国連主催の会議で提案された（　⑦　）が、現在注目されています。これは､加盟193か国が2016年から2030年の15年間で達成するために掲げられた目標のことです。

問１．空欄（　①　）にあてはまる数字を次のア～オから１つ選び、記号で答えなさい。

ア．65　　イ．70　　ウ．75　　エ．80　　オ．85

問２．下線部②の仕事について、最高裁判所に対して内閣がおこなうことを１つ答えなさい。

問３．空欄（　③　）にあてはまる語句を次のア～エから１つ選び、記号で答えなさい。

ア．指導と受諾　　イ．指導と承認
ウ．助言と受諾　　エ．助言と承認

問４．下線部④の裁判所がもつ、国会が決めた法律や、内閣がおこなう政治が憲法に違反《いはん》していないかどうかを判断する権限を答えなさい。

問５．空欄（　⑤　）にあてはまる語句を答えなさい。

問６．下線部⑥について述べた各文のうち**適当でないもの**を次のア～エから１つ選び、記号で答えなさい。

ア．争いごとがおこると、安全保障理事会が中心となって、停戦をはたらきかけたり、戦争の広がりを防いだりする。
イ．ユネスコは、国連のなかの一つの機関で、世界の子どもたちが平和で健康なくらしができるように活動している。
ウ．国連は、難民やテロなど、一つの国だけでは解決できない問題についても取り組んでいる。
エ．1972年の国連の会議では「かけがえのない地球」を合い言葉に、地球環境を守るために国連を中心にして国際社会が協力することが決められた。

問７．空欄（　⑦　）にあてはまる語句を**アルファベット**で答えなさい。

問８．2021年の世界の出来事についての記述として**適当でないもの**を次のア～エから１つ選び、記号で答えなさい。

ア．１月、核兵器禁止条約が発効し、唯一の被爆国である日本もこの条約に署名しました。
イ．２月、ミャンマーでクーデターが発生し、国家顧問《こもん》のアウン・サン・スー・チーさんと大統領が拘束《こうそく》されました。
ウ．６月、中国共産党や政府への批判的な記事で知られる香港紙、蘋果日報（リンゴ日報）が、26年の歴史に幕を下ろしました。
エ．７月、１年延期された東京オリンピックが開催されました。日本で夏のオリンピックが開かれたのは２回目でした。